筆ペンで書く

亥年のゆる文字年賀状

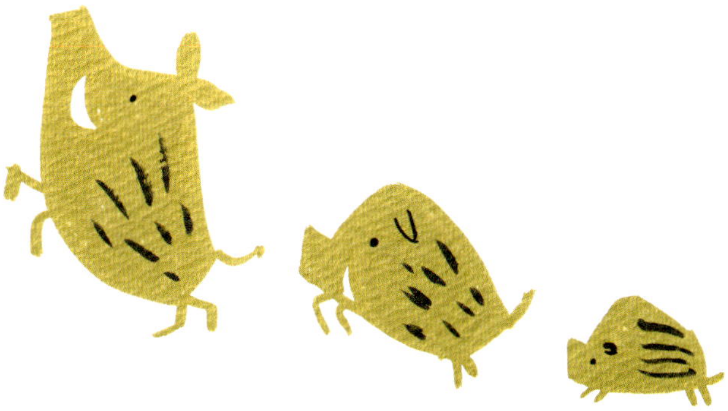

宇田川一美

誠文堂新光社

本書の特徴と使い方

❶ 使う筆ペンは４色

本書では、墨、うす墨、赤、金の４色の筆ペンのみを使用しています。赤や金が用意できない場合は、絵の具やサインペンでも代用できます。

❷ 実寸大だから書きやすい

はがきサイズの見本を見ながら書いてみましょう。鉛筆で下書きをしてから始めても、直接はがきに書き始めてもＯＫです。

③

ゆる文字の見本帖が付いている

巻末（P.86～94）には、ゆる文字の見本帖が付いています。よく使う言葉や、ひらがな、カタカナなど自分の苦手な文字があったら、見ながら練習してみましょう。

④

イノシシの絵もたくさん

本書に出てくるイノシシのイラストは、すべて筆ペンのみを使用して描いています。自分のお気に入りのイラストを選んで、目的別にアレンジしてみて。

⑤

組み合わせを変えれば、オリジナルのデザインに

気に入った文字と、気に入ったイラストを組み合わせれば、自分だけのオリジナルデザインも作れます。（P.56～57参照）

もくじ

はじめに

今年は、年賀状にほんの一筆でも
手書きを添えてみるのはどうでしょう。

筆ペンの「ゆる文字」は、
書く人と受け取る人の気持ちの距離をぐっと近づける文字。

様々なバリエーションの文字に、
イノシシ踊る年賀状の図案もたくさん書きました。
お気に入りがあったら、どんどん書いてみてください。

宇田川一美

ゆる文字のいろは

基本の道具や書き方を紹介します。とはいえ、難しい決まりはありません。紹介するお手本や書き方はひとつの例として、自由にお楽しみください。

1 誰でも簡単に書けます

書道のような決まりはありません。字の上手い下手は関係なく楽しめます。

2 いろいろな雰囲気を出せます

伝えたい気持ちや用途に合わせて書き方を変えられます。

3 イラストとも相性抜群です

絵のようなゆる文字はイラストとよくなじみ、年賀状にはぴったりです。

4 アルファベットや数字も味が出ます

HAPPY NEW YEARも年号も筆ペンでオシャレに表現できます。

繊細に

力強く

かわいらしく

用意する道具

筆ペン1本からでも
始められます

筆ペン

本書では、文字の大きさや雰囲気、イラストの内容に合わせて、太さや色を使い分けています。金と赤は、水彩絵の具やサインペンで代用してもよいでしょう。

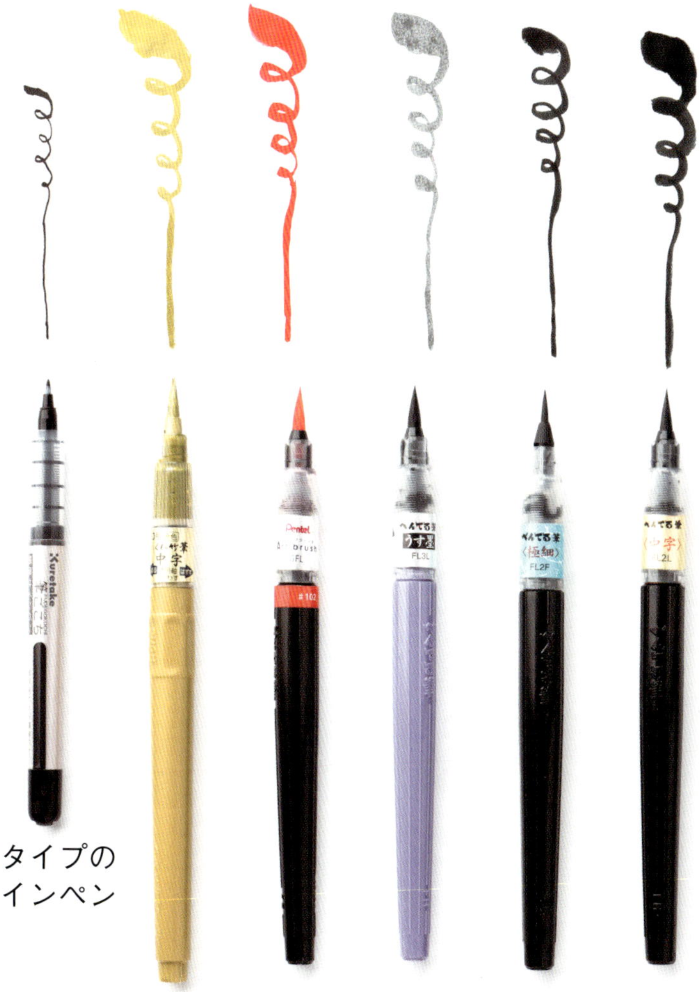

筆タイプのサインペン

金　赤　薄墨　極細　中字

はがき

年賀状は、送れるサイズや重さに規定があります（P.83参照）。素材や表面の加工によって仕上がりの印象が変わるので、イメージに合わせて選びましょう。

鉛筆・消しゴム

筆ペンで書く前に、鉛筆で下書きしておくと安心です。はがきにあとが残らないように、芯はBなど軟らかいものがおすすめです。

その他

野菜&インク

切った断面にインクを付ければ、はんことして使えます。

マスキングテープ

ワンポイントで使うだけで、手作り感あふれる年賀状になります。

書き方のポイント

ゆる文字にルールはありませんが、
いくつかのポイントをおさえると
書きやすいです。

文字の書き方

書き出しは太くぽってりと

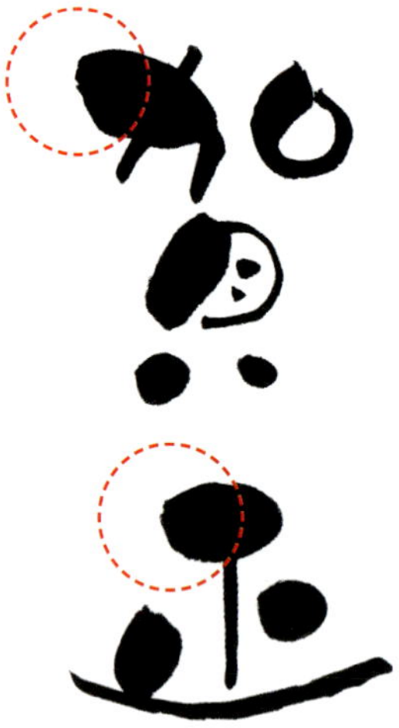

丸みのあるところは思い切って丸く

線の太さはメリハリをつける

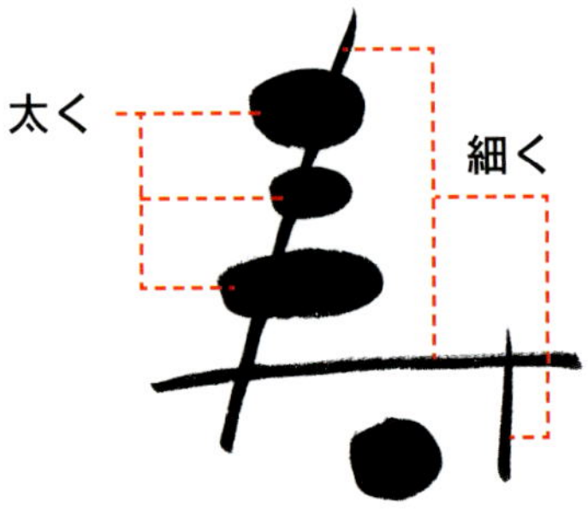

口や一や点はデフォルメして丸く

POINT 1

絵を描くように

書き順が違っても構いません。あとから書き足すのもOKです。習字ではなく、お絵描きをする気持ちで。

POINT 2

下手でいい！

大きさが揃っていなくても、まっすぐに書いていなくても、正しい形でなくてもいいんです。それも味になります。

レイアウトのしかた

ちょっとしたコツで
雰囲気が出るよ！

大きさにメリハリをつける

よろしく

縦書きは左右にずらして書く

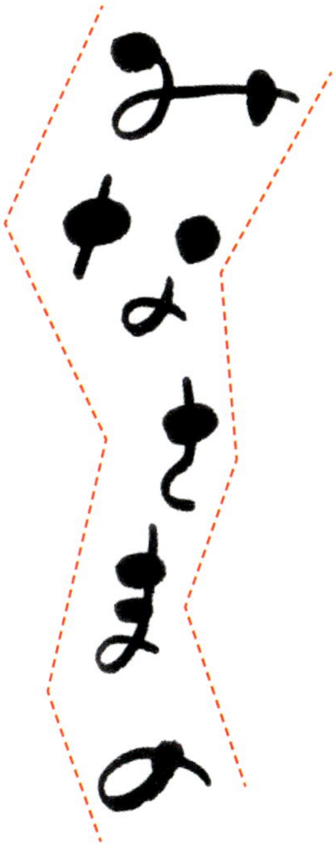
みなさまの

行頭の文字は段差をつける

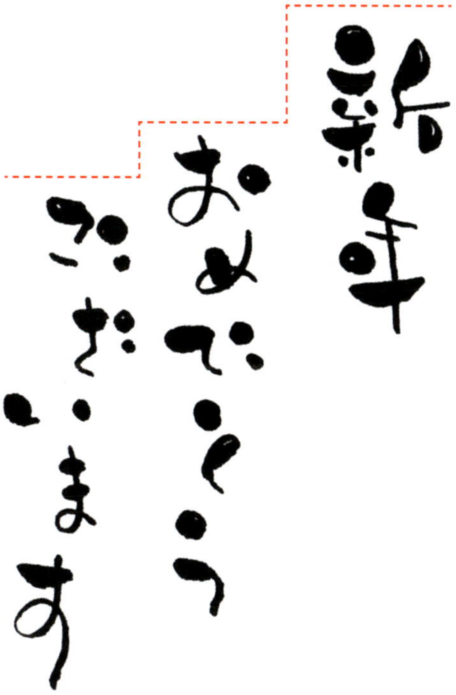
新年
おめでとう
ございます

横書きは下を揃え、伸ばすところは、はみ出す

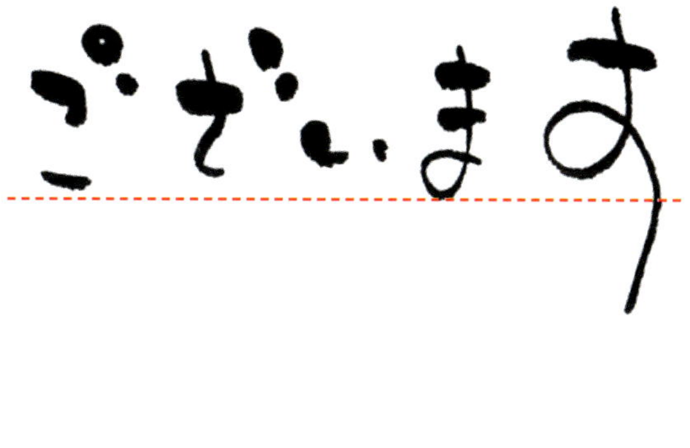
ございます

POINT
3

ゆる～く楽しく

ほのぼのした雰囲気がゆる文字の魅力。ゆったりとした気持ちで楽しみながら書くと、文字にも表れます。

POINT
4

アレンジOK！

見本はひとつの例です。イメージをふくらませ、自分がいいと思う形やバランスで自由に書いてみましょう。

年賀状を書く手順

基本の手順を紹介します。筆ペンで書く順番は、文字やイラストの内容に合わせて変えてOKです。

ステップ1 鉛筆で下書きする

下書きの段階から、太くするところは太く、丸くするところは丸く書いておくと、全体のバランスがつかめ、筆ペンで書くときに失敗しにくいです。イラストも、細かい線まで描き込んでおきましょう

スタート

ステップ2 筆ペンで書く

文字の太さや雰囲気に合わせて筆ペンを選び、下書きをなぞります。
見本の年賀状では、次の手順で筆ペンを使っています。

❶薄墨でイノシシの体を描く
❷金で鼻と牙、小判を描く
❸極細でイラストの左右に文字を書く

Q まちがえたときは？

A 修正できる場合も

まちがえないように、試し書きしたり、細かいところまで下書きしたりすることをおすすめします。それでもまちがえたとき、ゆる文字ならではの修正方法が。ゆる文字は、少しくらいの変形は味になります。塗り足すことで上手に正せる場合もあるので、あきらめる前にお試しを。

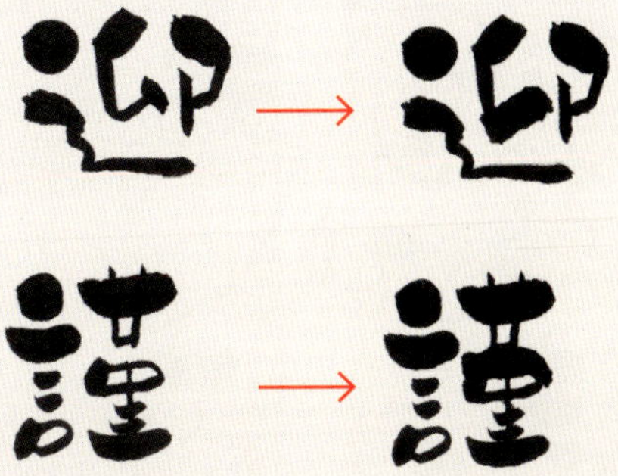

Q 何枚も書くときは

A 窓を使ってトレースしよう

一枚書いてトレースする（なぞる）のがおすすめ。外が明るい時間帯に、書いたはがき（完全に乾いたもの）の上に新しいはがきを重ね、窓ガラスに当てます。下のはがきの文字や絵が透けて見えるので、鉛筆でなぞりましょう。

ステップ 3 インクが乾いたら消しゴムをかける

筆ペンのインクが完全に乾いてから、下書きを消します。消しゴムは、ゴシゴシとこすって消すのではなく、鉛筆の線をトントンと叩くようにして消しましょう。

完成！

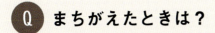

まずは手順を見ながらマネして書き、コツがつかめたら、いろいろな書き方を試してみましょう。

新年のあいさつを書いてみよう

1 「あ」の一画目は太く。縁取りをして中を塗りつぶす。

2 「あ」の三画目の曲線は、大きく丸みをつける。

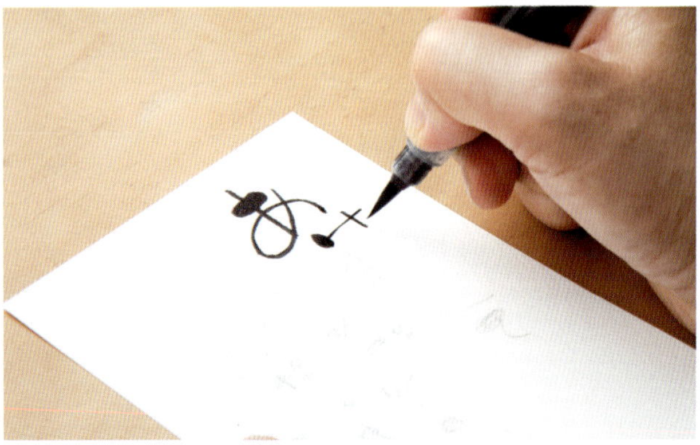

3 「け」は上下をつぶしたように書いて、大きさにメリハリをつける。

仕上がり見本

鉛筆で下書きしてもOK

下書きすると全体のバランスがつかみやすく、文字のまちがいもしにくくなります。太くするところは下書きの段階から太く書いておくなど、仕上がりをイメージできるように書きましょう。

見本はひとつの例だよ。
自分なりのゆる文字を見つけよう!

4 「し」は左上から右下に、ゆるくカーブさせながら、思い切って長く。

5 「て」は書き出しの横線を太く、下の曲線は細く小さくする。

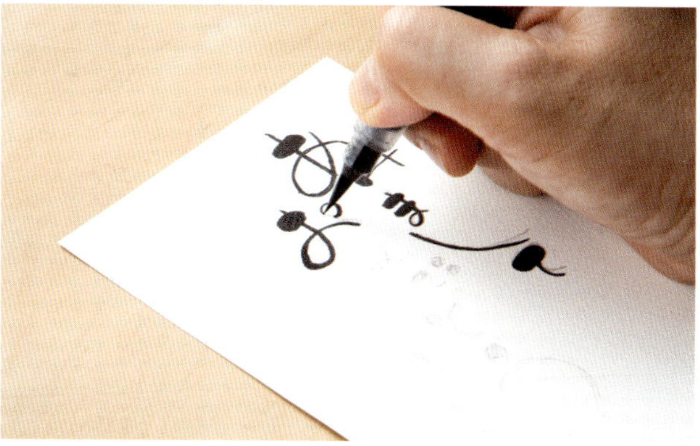

6 「お」は、一文字目の「あ」よりも位置を下げる。点は○を書いて塗りつぶす。

7 「で」の濁点は、上下に●を書く。上は大きく、下は小さく。

8 「す」は横線を長く、丸を大きく。乾いたら消しゴムで下書きを消す。

テーマ
1

イノシシが主役の年賀状

2019年の干支は「亥」。勇ましさの中にも愛嬌の
あるイノシシは、ゆる文字との相性もバツグンです。

迎春
慶春

円を使って縁起良く

初日の出を思わせる赤い円の中に、天を仰ぐイノシシ。薄墨の雲が、和の雰囲気を作ります。

手順❶

鉛筆で下書きをしたら、まずは赤い円から描きます。ひと筆で描かずに、数回、線を重ねながら描きます。

手順❷

円の中の絵は、薄墨で雲→金でイノシシ→サインペンで枝、と上部から色を入れていきます。ポイントで使う赤は最後に。

手順❸

はがきの四角に「謹」「賀」「新」「年」を書きます。よく乾いたら消しゴムで鉛筆の線を消して、完成です。

手順❸

水引きの周りに梅の花を描きます。輪郭を描いてから中を塗りつぶすのがコツ。最後に上下に文字を書きます。

手順❷

水引は、筆先を使って細く。線の震えや重なりも味になります。イノシシの顔のパーツも描き込みます。

手順❶

イノシシを薄墨で描きます。筆は水気を軽く抑えてから、あえてかすれさせて描くと、やさしい感じになります。

おめでたい赤と金の水引で、
イノシシをくるりと囲みました。
イノシシのタッチに合わせ、
飾りや文字もかわいらしく。

白抜きにチャレンジ

←

POINT

鉛筆に重ねない

鉛筆の上から赤の筆ペンを塗ると、下書き線が消しゴムで消せずに残ってしまうので、下書き線の内側を塗ります。

POINT

後で塗り足す

金で、目・牙・耳は大きめに、体の輪郭は小さめに描き、中を塗ります。下書きを消し、バランスを見て塗り足します。

↓

POINT

筆を寝かす

筆を寝かせて太く描くことで毛並みのゴツゴツとした感じと勢いが出ます。別の紙などで筆の水分を抑えてから描くと、かすれが出せます。

POINT

ペン先を使う

墨の部分はすべて筆タイプのサインペンを使用。蹄《ひずめ》の先端は、ペン先を使って尖らせると、より蹄らしくなります。

シンプルな
線で書く

妙なバランスが心地良い

POINT

段差をつけて動きを出す

２行目、４行目の頭の文字は位置を下げて書きます。「申し上げ」と「ます」は、イラストにぶつからないように位置をずらします。 →

POINT

文字の位置をずらす

文字は、金の丸の上に、金が乾いてから書きます。丸からはみ出したり中心をずらしたりすると、動きが出ます。

↓

POINT

文字の配置を工夫

イノシシを描いてから、空いたスペースに「寿春」を配置します。「寿」と「春」は中心をずらして書きます。

POINT

文字の形を崩す

落款風に形を崩して書いた「迎春」がポイント。イノシシは、輪郭を直線的に鋭い目つきで描き、力強い印象に。

構図を意識して書いてみよう

POINT

おでこを広く描く

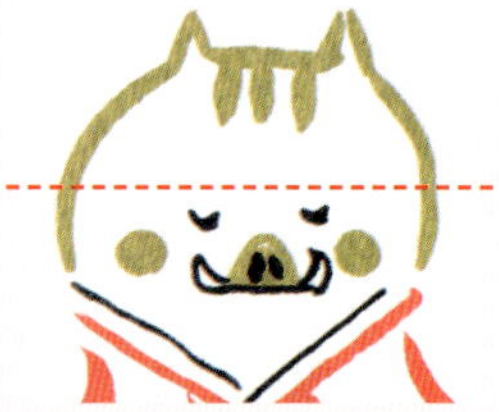

晴れ着のイノシシが新年のご挨拶。顔は、パーツを輪郭の下側に寄せておでこを広く描くと、お辞儀しているように見えます。

POINT

イノシシを三角形に

イノシシの体は、二等辺三角形の二角を切り落としたような輪郭に。「賀正」の二文字がしっくりと収まります。

POINT

はがきを６分割

下書きで、最初にはがきを６分割する線を引いてから絵や文字を描くと、バランスよく配置できます。

POINT

はがきを３分割

３匹のイノシシを縦にレイアウト。３分割する下書き線を引いてイノシシを描き、文字はイノシシの体に沿って書きます。

描く順番を工夫する

POINT

← 中心から描く

墨で中央の山と「迎春」→乾いたら、赤で日の出→薄墨でイノシシ、の順に。絵の部分はかすれを生かします。

POINT

輪郭を描いて塗る

扇の外形を描き、イノシシの輪郭を描いてから、その間を塗ります。「慶春」と年号・日付は最後に。

↓

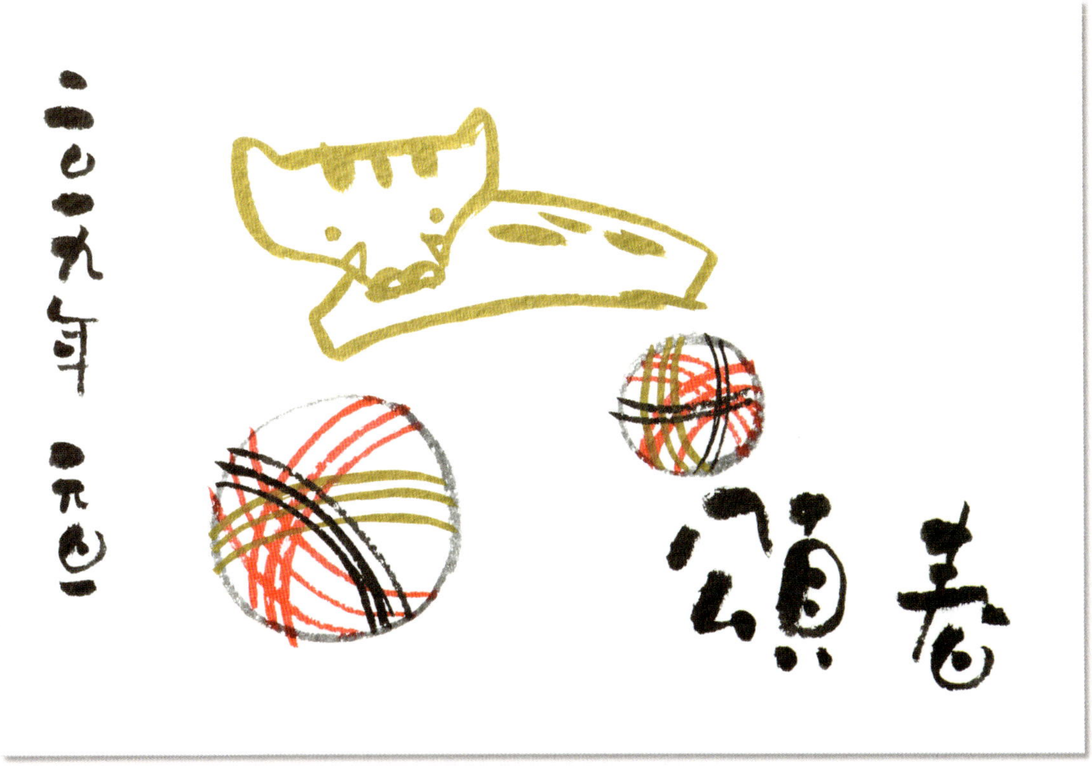

POINT

多色使いは乾かすことが大事

手毬は、薄墨で丸を描き、赤→金→墨の順に重ねて線を描きます。それぞれ、しっかり乾いてから次の色を使いましょう。

① ② ③

POINT

文字は空いたスペースに

イノシシを描いてから、空いたスペースに文字を書きます。前進するイノシシは、足の高さをずらすと一歩踏み出しているように見えます。

テーマ 2

お正月遊びの年賀状

日本のお正月のシーンを年賀状に。
勇ましいイメージのあるイノシシも、
ほのぼのとした雰囲気になります。

躍動感を出そう

POINT 1

←糸は筆先で細く

凧とイノシシを描いてから、間をつなぐように糸を描きます。筆タイプサインペンの筆を立てて持ち、穂先で細く。

POINT 2

日は、かすれを生かす

赤い日は、上の半円の輪郭を描いて中を塗ります。下の方は、筆を寝かせて左右に動かし、かすれ気味に。

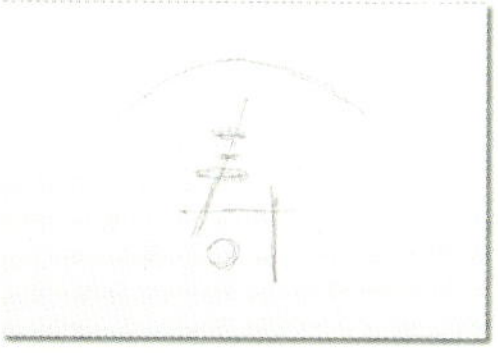

POINT 1

「寿」から描く

下書きのとき、最初に中央に寿を書き、次に羽根の軌道をアーチ状に描いておくと、イノシシを配置しやすいです。↓

POINT 2 →

体の延長に足を描く

イノシシは、体の線の延長線上に足としっぽを描きます。片足を上げた躍動感がある姿が描けます。

メリハリの
テクニック

こたつでのんびり過ごすイノシシ。
掛け軸は小さく書いたほうが、
とぼけた味わいが出ます。

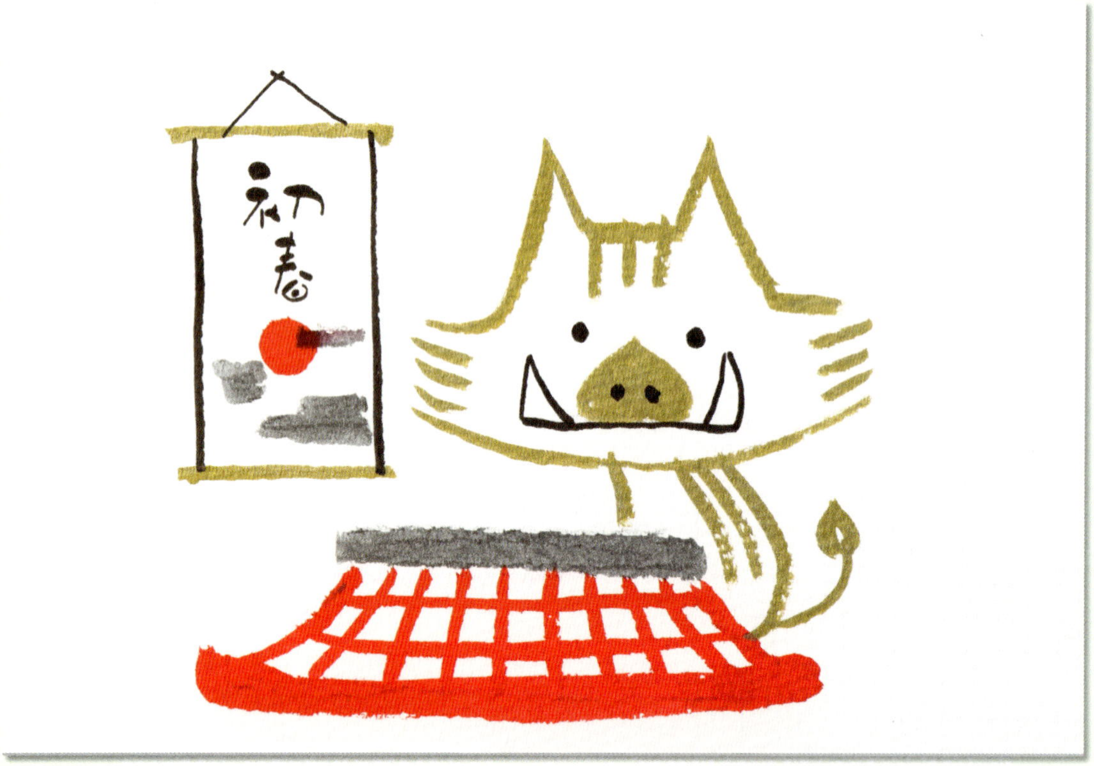

手順1

掛け軸の上下とイノシシの輪郭、鼻を金で描きます。筆先で細く描くのがポイントです。

手順2

金がしっかり乾いたら、筆タイプサインペンで、掛け軸の墨部分、イノシシの顔を描きます。

手順3

掛け軸の中の日を赤で塗り、乾いたら上から薄墨で雲を描きます。こたつの天板も薄墨で。

手順4

赤でこたつの布団を描きます。乾いたら消しゴムで下書きを消して完成。

イラストをかすれ気味に描くことで、「賀正」や「2019」が引き立ちます。

POINT

筆の水気を取る

羽子板の輪郭は、薄墨で軽やかな印象に。筆は、使う前に別の紙で水気を取って穂先を広げておくと、かすれが出やすくなります。

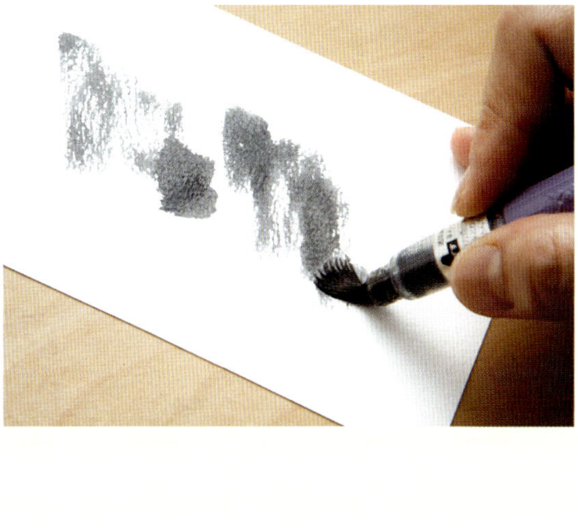

下書きを しっかりと

←

POINT

下書きに合わせて塗る

下書きで構図を決め、薄墨→金の順に、乾かしながら塗ります。最後に文字と、手ぬぐいなど墨の部分を描きます。

POINT

ガイドラインを引いて書く

イノシシの体のラインに合わせ、文字もアーチ型に。鉛筆でラインを引いて3分割しておくと、バランスよく書けます。

↓

POINT

上に文字、下に温泉

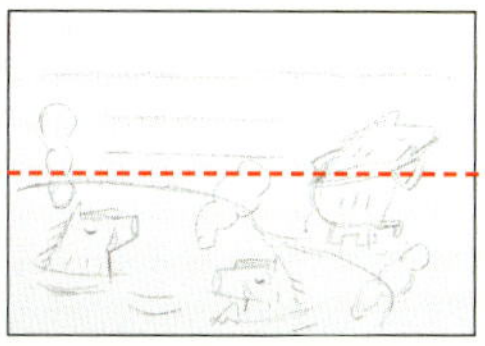

下書きでは、はがきの中心に線を引きます。温泉を半分から下に描くことを意識すると、文字もイノシシもうまく収まります。

POINT

下書きでバランスを確認

イノシシが絶妙なバランスで綱に乗るように、下書きでそれぞれの位置を定めてから筆ペンを使いましょう。

POINT

華やかさをプラス

紙吹雪は筆先で、角を意識して□を描いて、中を塗りつぶします。金と赤で描くと華やかに仕上がります。

テーマ
3

趣味と抱負の年賀状

「こんな1年にしたい」という願いをイノシシに託して、表情や動きも楽しい年賀状に。

迎春
今年も編みます!
2019
謹賀新年
今年も一緒にキャンプ楽しみましょう

やる気を
上手く表現する

まっすぐに突き進むイノシシを
正面から捉えました。

POINT 1

文字のバランスを工夫

文字は、中央の道をよけて、上の「猪」「猛」を大きく、下の「突」「進」は外側に寄せて一回り小さく書きます。

POINT 2

足で躍動感を表現

正面から見たイノシシは、左右の前足の位置をずらすと、前に進んでいるように描けます。

POINT 3

放射線で迫力を出す

イノシシを中心にして周りに放射線を描くことで、勢いよくこちらに向かってくるように見えます。

←

POINT

抱負とメッセージを加える

中心にイラスト、その上下に抱負、左右に細い字でメッセージを配置。描くときは、赤のダンベルを最後に。

POINT

インパクトのある構図に

中心にくる鼻を最初に描くと、他のパーツや放射線を描くときの基準になります。輪郭を描かないことでよりインパクトが出ます。

↓

空白を作る

「賀」、額、イノシシ、メッセージの位置を決めて、空白を作ることでバランスを取ります。

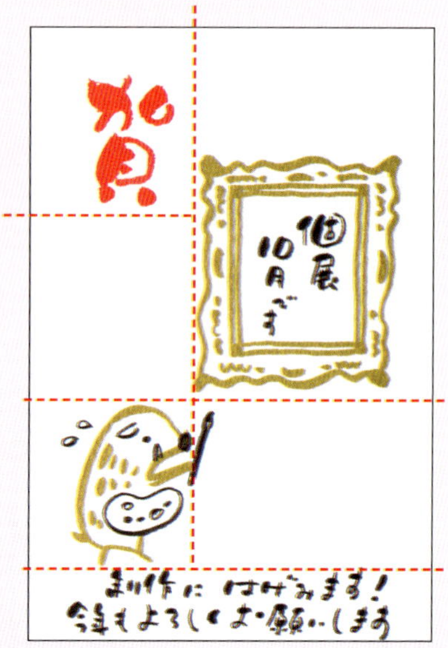

手順❶

文字は、太い部分は重ね塗りしたり、点の部分は丸く縁どって塗りつぶしたりして、一字でも印象強く。

手順❷

額縁とイノシシの体を金で描きます。体は、墨で描くパレットの部分を空けておいて。手で汚さないように上から描き進めます。

手順❸

金が乾いてから、墨文字を筆タイプサインペンで。鼻や牙、筆など、金の上から重ねて描いてOKです。

POINT

二つの角を空ける

左右の足の高さをずらして「駆け足跳び」を表現。「賀正」とメッセージは対角上に配置して、残りの角はすっきりと。強調したい文字は、横に赤で点を打ちます。

POINT

空白で距離感を伝える

空白があることで、ゴールが遠く、大きな目標であることが感じられます。目や汗、足元の))）は、筆タイプサインペンで細かく描くと、より気持ちが伝わります。

好きなことを
フィーチャーする

アウトドア仲間に送りたい一枚。
赤い炎が温かい印象を与えてくれます。

POINT 1

文字とイラストのスペースを区切る中央の山とテントから描くと、配置がしやすいです。

POINT 2

イノシシは、背中を丸く、耳を下げ気味に、目の位置を下寄りに描くと、火を囲んだほのぼのとした雰囲気に。

POINT 3

炎は、先を二つに分けて描くと、揺らいで見えます。星は＊のように線を交差させることで瞬いて見えます。

セーターの柄に年号を編み込みました。
イノシシの体を描かないことで、
セーターがぱっと目立ちます。

迎春
今年も編みます！
2019

手前にあるもの
だけを描くと、
遠近感が出るよ

POINT 1

「迎春」の文字は、書く前に筆のインクを軽く押さえ、少しかすれ気味に書くと味わいが出ます。

POINT 2

セーターと毛糸の赤は、わざとかすれさせると、ウールの温かい風合いが表現できます。

POINT 3

右下のウリ坊は、金で頭→赤でセーター→金で手足の順が描きやすいです。そのときはよく乾いてから次の色を使います。

テーマ 4

うり坊が可愛い年賀状

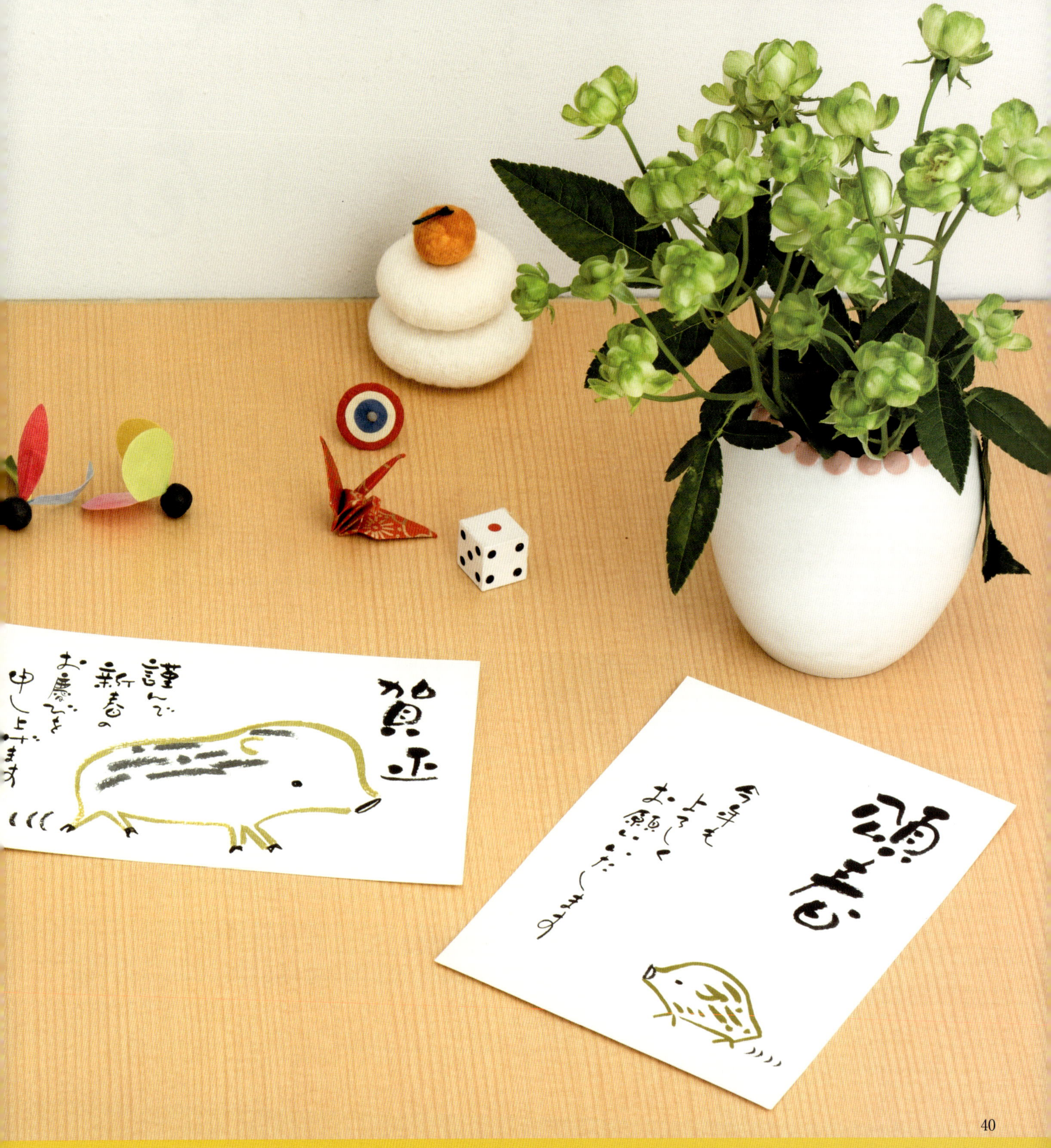
賀正
謹んで新春のお慶びを申し上げます
頌春
今年もよろしくお願いいたします

丸みのある体と縞模様が特徴のイノシシの子ども「うり坊」。受け取る人が思わず微笑んでしまう愛らしい姿をイラストに。

うり坊が主役に なるレイアウト

POINT

文字の大小を使い分ける

中心に大きく賀詞とイラスト、左右に細い文字のメッセージを添えた、バランスの良い構図です。

ぽってりした
お餅を描いて
みよう

POINT

鏡餅から描く

まずは金で鏡餅を描いて、そこに墨で顔のパーツや足を加えます。目の位置を下に描くと幼い表情になります。

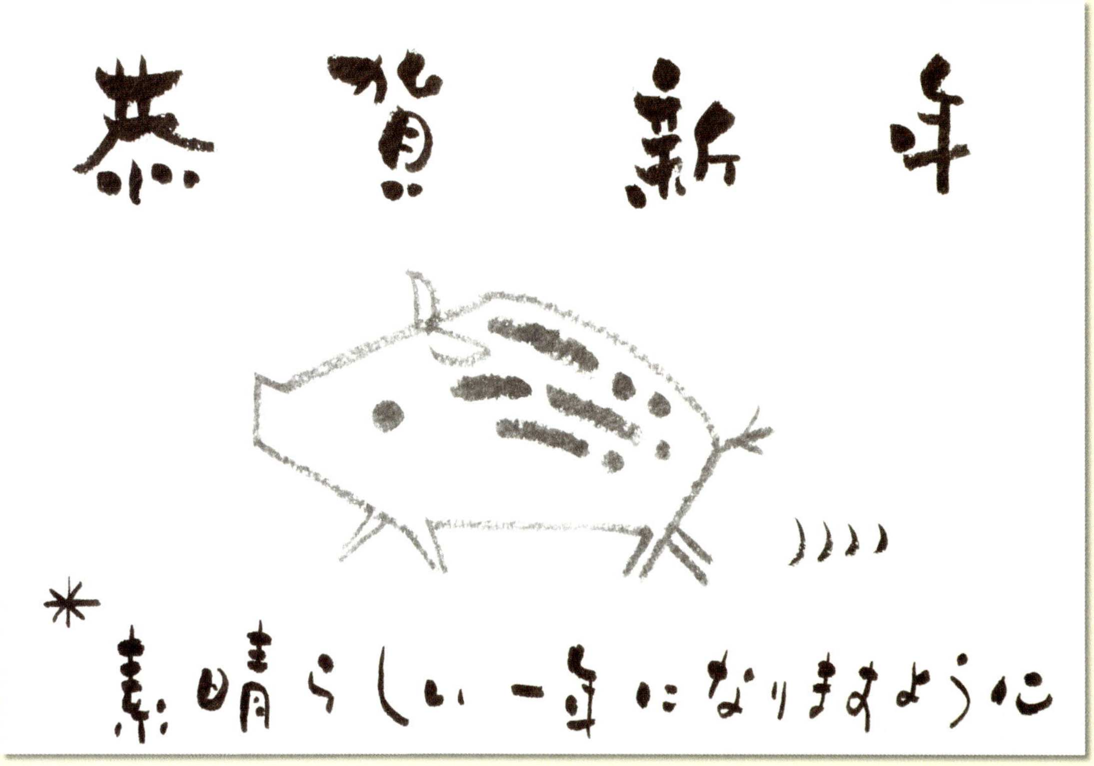

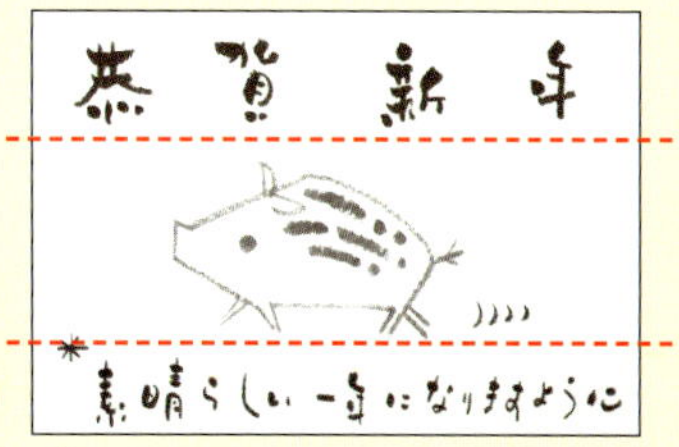

POINT

区切り線で位置を決める

上から賀詞、イラスト、メッセージの構図。鉛筆で3つに区切る線を引いておくと、書きやすいでしょう。

POINT

ワンポイントで可愛さUP

「新春」は中字で大きく、メッセージは筆タイプのサインペンで小さくと、メリハリをつけて。梅の花がアクセントに。

うり坊の幼さを表現するテクニック

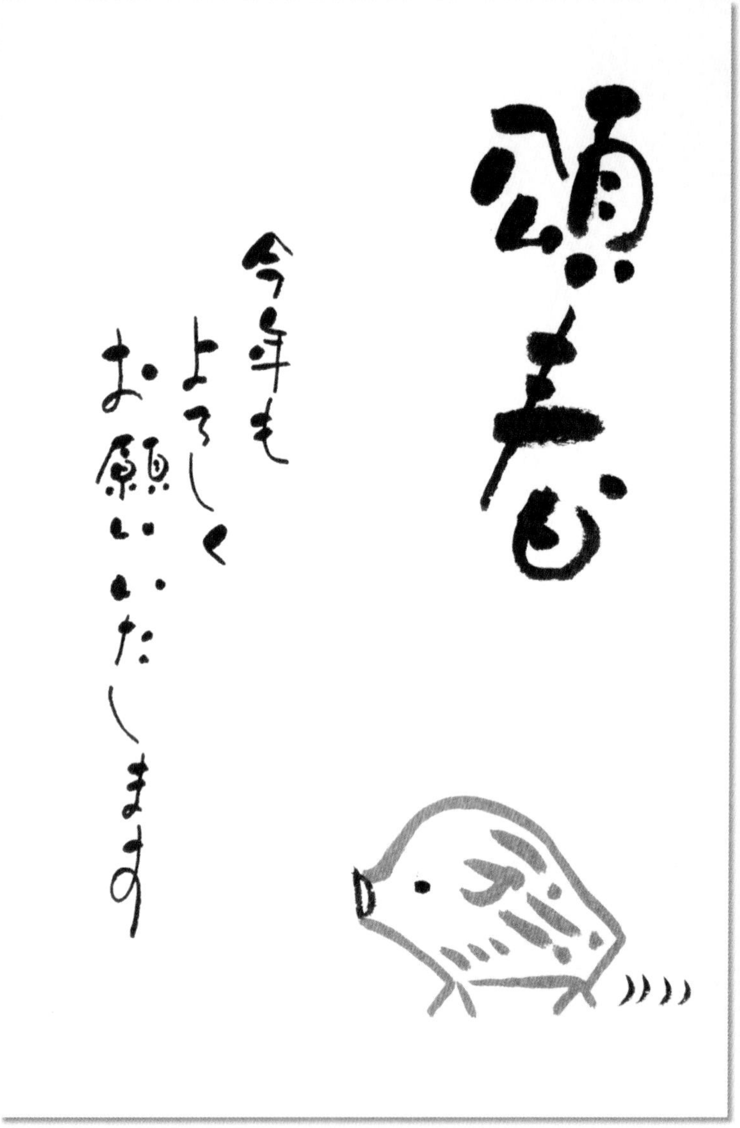
頌春
今年も
よろしく
お願いいたします

POINT

おでこがポイント

おでこを丸く、広めに描くと、うり坊らしくなります。足元も、))を加えてちょこちょこと歩いている雰囲気を出します。

POINT

目の位置は下に

目の位置は顔の半分よりも下に、足は体に比べて細く小さくすると、幼い印象に仕上がります。

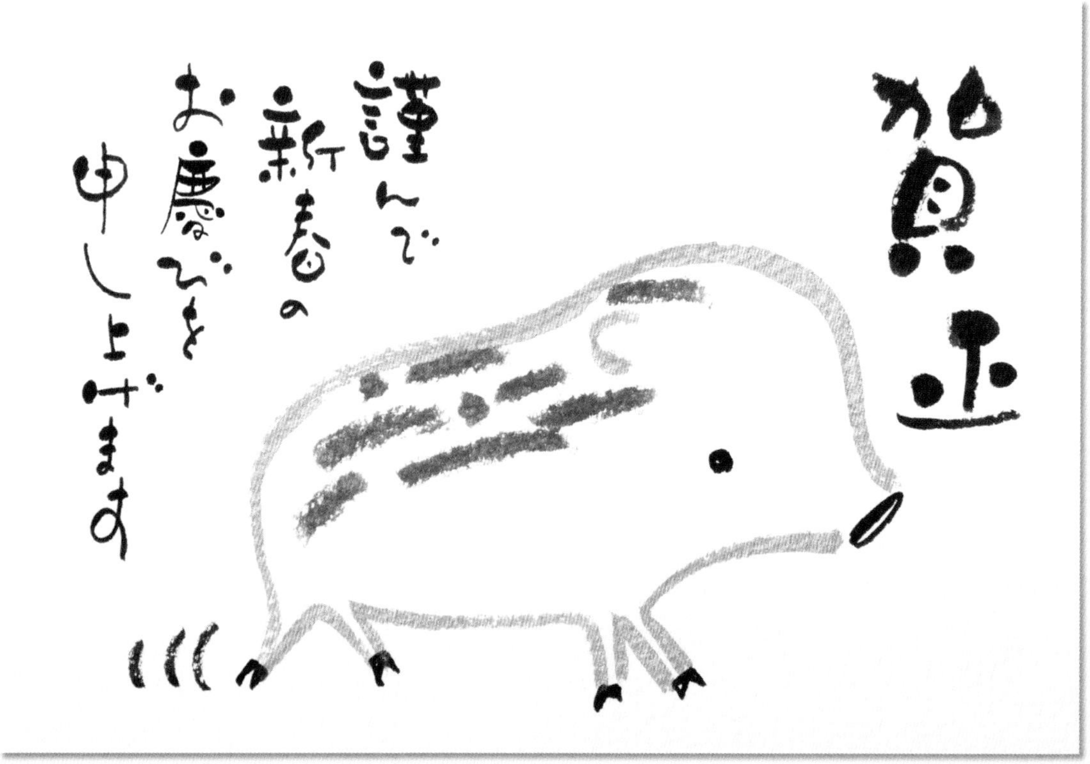
賀正
謹んで
新春の
お慶びを
申し上げます

POINT

足を小さく描く

「あけまして～」は字数が多いので、最初に文字を書いてから、空いたスペースにイラストを描きます。体に対して小さな足が可愛らしさを増します。

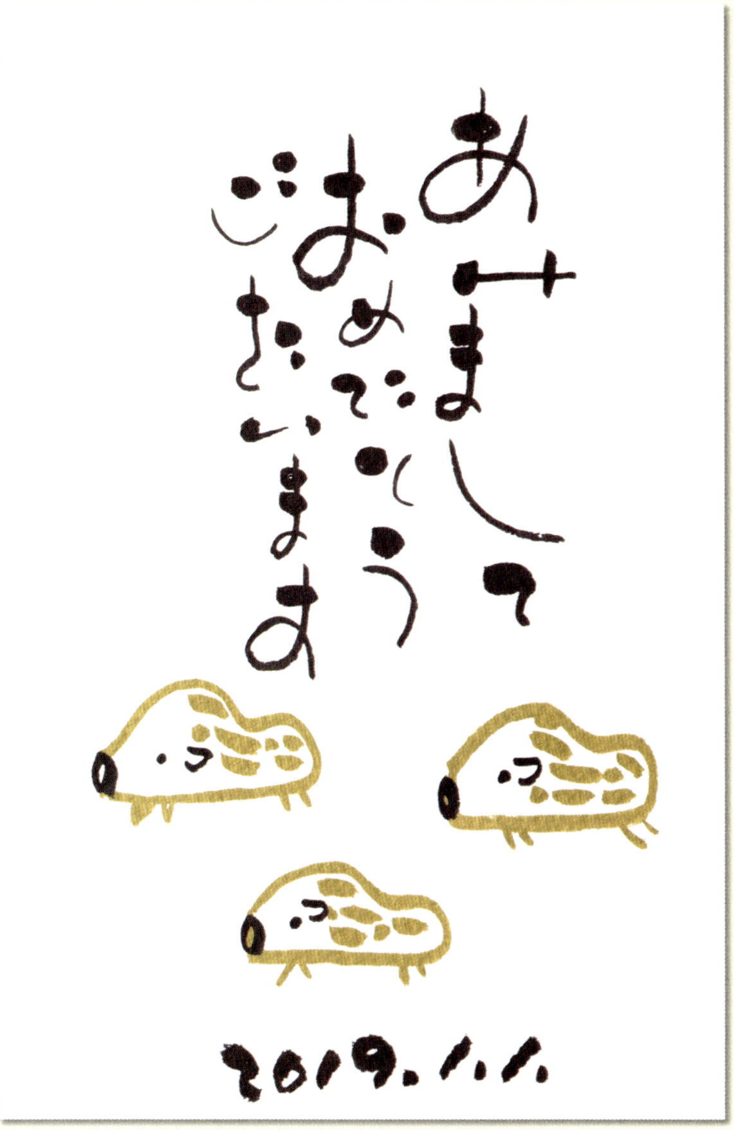

POINT

輪郭をぽてっとさせる

うり坊の体は、金の筆を立て気味に持ち、筆先をトントンと4-5回置き、ぽてっと描きます。乾いたら墨で目や足を描きます。

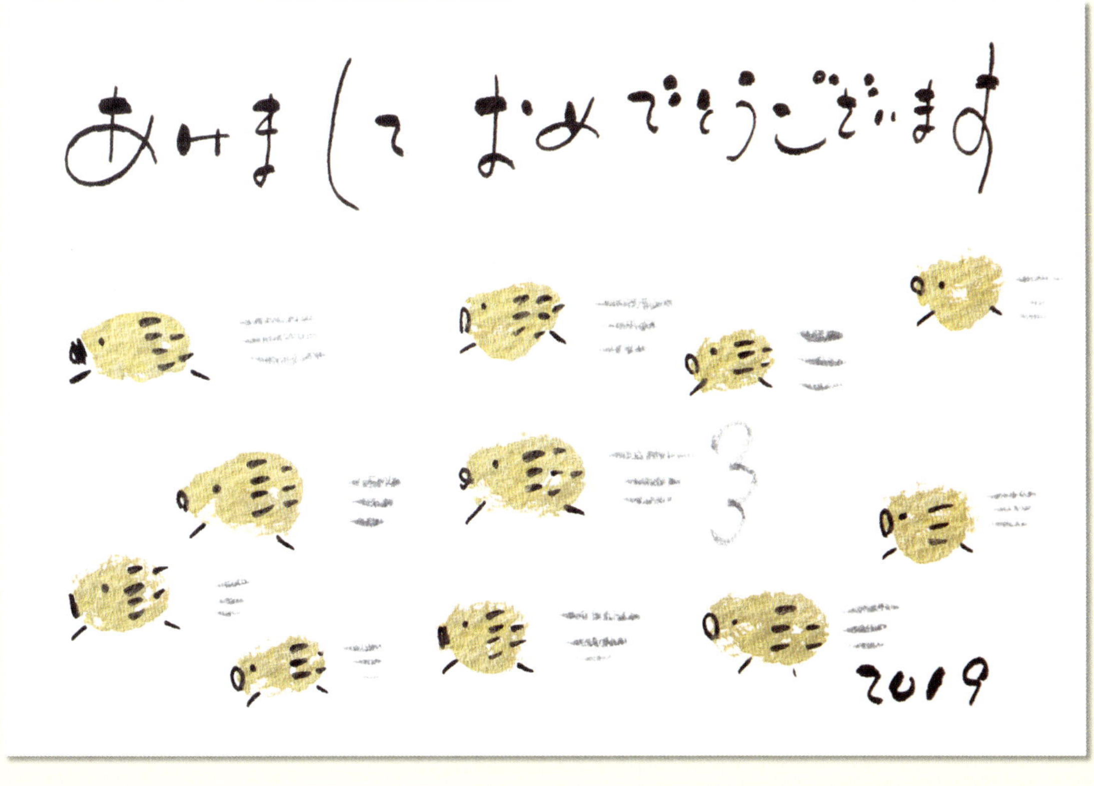

コラム❶

野菜ハンコで彩る年賀状

ペタッと押すだけで味わいが増す野菜ハンコ。素朴な雰囲気の年賀状の出来上がり。

小さめのジャガイモで、走るイノシシを表現。大きさを変え、重ねたりはみ出させたりすると群れの勢いが出ます。

用意するもの

小粒のじゃがいも
インク

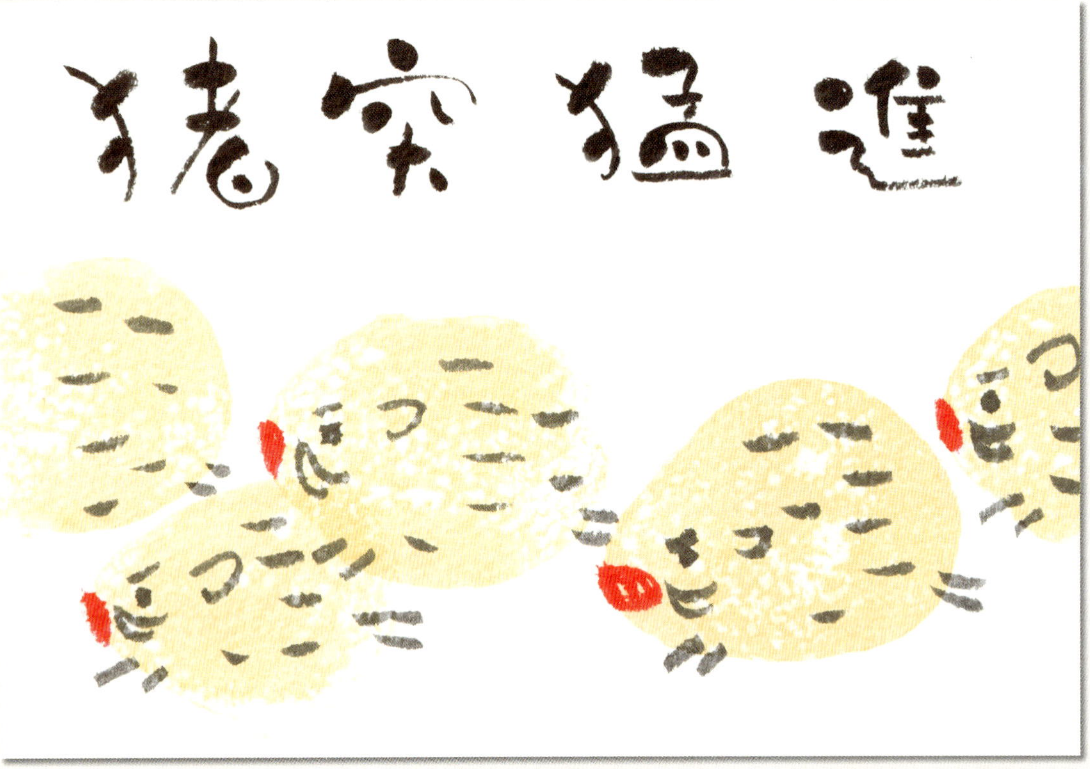

手順❶

ジャガイモは、はがきに対してバランスのいい大きさになるようにカット。切り口の水分をティッシュで拭き取ります。

手順❷

ジャガイモの切り口全面にインクが付くように、インクパッドをポンポンとジャガイモに付けます。

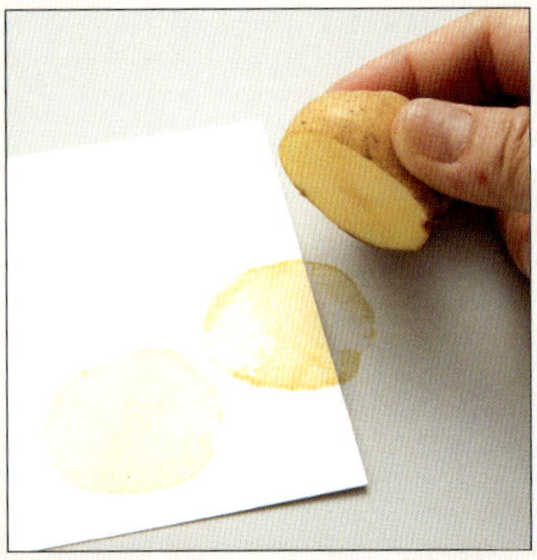

手順❸

ハガキの下に新聞紙などを敷き、端はわざとはみ出させて押します。インクがしっかり乾いてから、毛や顔を描きます。

用意するもの

オクラ、インク

オクラの切り口は梅の花のような形。ピンクのインクで、大中小3匹のイノシシの鼻に梅を咲かせましょう。

手順 1

イノシシは金で、大きさを変えて3匹描きます。ハンコを押す鼻の部分は空けておきます。

手順 2

オクラを切り、種は取り出すか中に押し込みます。切り口をティッシュでよく拭いてから、インクを付けます。

手順 3

イノシシの大きさに合わせて鼻の大きさを変えるため、オクラは3か所、切る位置を変えて押します。

コラム ❷

マスキングテープで飾る年賀状

使う柄によって表情が変わるマスキングテープ。貼るだけで手作り感あふれる1枚に。

マスキングテープは3種類までに。モノトーンを入れると、筆ペンの墨になじんで大人っぽくなります。

用意するもの

マスキングテープ3種類

手順 ❶

はがきの四角に文字を書き、中心に薄墨でイノシシを描きます。体は中央をふっくらさせて。

手順 ❷

マスキングテープは、三角に切ります。ストライプなどは、柄が同じ向きになるように注意して。

手順 ❸

イノシシの体に、3種類のマスキングテープがバランスよく散らばるように貼ります。

マスキングテープを雲に見立てて。
パステル系の色を使用すると、
自然のもののような優しい雰囲気が出ます。

用意するもの

マスキングテープ
2種類

手順 ❶

左上部に筆タイプのペンで文字、右上に日、文字の下に日の出を眺めるイノシシを描きます。

手順 ❷

マスキングテープを適当な長さにちぎり、さらに縦に裂きます。ハサミを使わず手でちぎることで自然な形に。

手順 ❸

空いている場所や日の上に貼ります。重ねても、はがきからはみ出してもOKです。はみ出した部分はハサミでカット。

メッセージ入りの年賀状

届いた年賀状に、賀詞だけでなく一文が添えられていると嬉しいもの。ゆる文字で書けば、さらに気持ちが伝わります。

賀正
今年は年女！
猪突猛進でがんばります！
頌春
今年も素敵な一年になりますように
平成三十一年 元旦

恭賀新年
今年もよろしくね
すてきな1年にしようね

あいさつ文いろいろ

イノシシの薄墨、座布団の赤はかすれさせたほうが軽く楽しい印象になり、上下の文字も引き立ちます。

横書きのメッセージ例

今年も よい一年になりますように

今年も
健やかで
幸多き一年に

今年も 家族共々
どうぞよろしく
おねがいいたします

本年も 変わらぬおつきあいを
どうぞよろしくお願いします

ここにメッセージを入れよう

POINT

メッセージの空間を作る

イラストは、丸みのあるイノシシの土鈴がモチーフ。「亥」の文字もぽってりと、●をアクセントに、中央より少し右目に配置。

ここにメッセージを入れよう

POINT

角にスペースを作る

「迎春」の文字を、イラストを挟んだ対角に配置。メッセージは、空いている角のスペースに書き足しましょう。

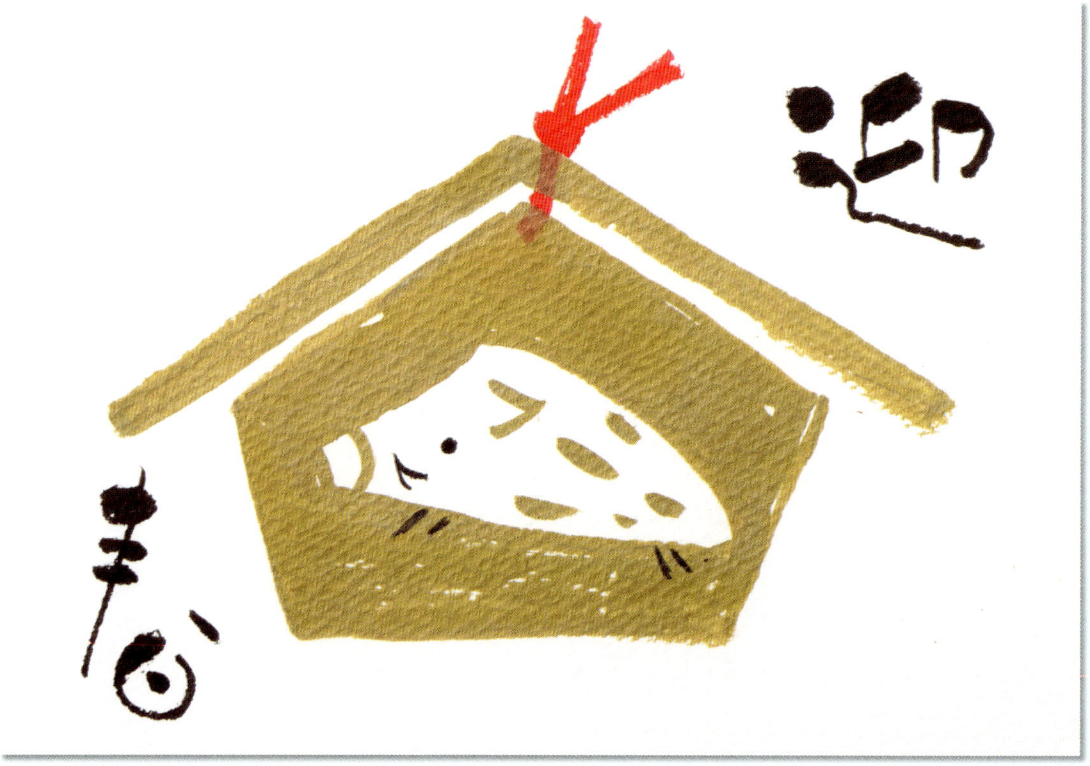

初春
ご家族の皆様の
ご多幸とご健康を
お祈りいたします

イノシシの輪郭は薄墨で、蝶ネクタイの部分を空けておき、後から赤で蝶ネクタイを描きます。

縦書きのメッセージ例

新しい年が
佳き年でありますように

ご無沙汰していますが
お元気ですか

本年も
どうぞよろしく
お願いいたします

皆様のご健康と
ご多幸を
お祈り申し上げます

旧年中は
大変お世話になりました

ご報告が遅れましたが
昨年結婚いたしました

メッセージを書く場所

大きな鏡餅を担いで進む力持ちのうり坊。「迎春」の左右に子どもの成長や今年の抱負を書き添えるのもいいですね。

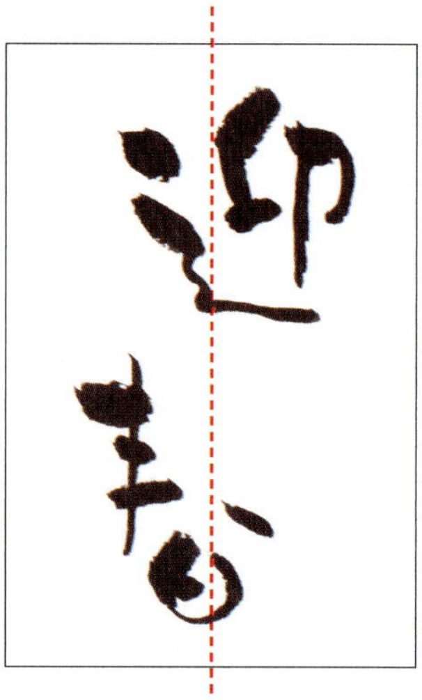

POINT 1

中心をずらす

「迎」と「春」は中心の位置をずらして書くと動きが出て、イラストのイノシシの動きとマッチします。

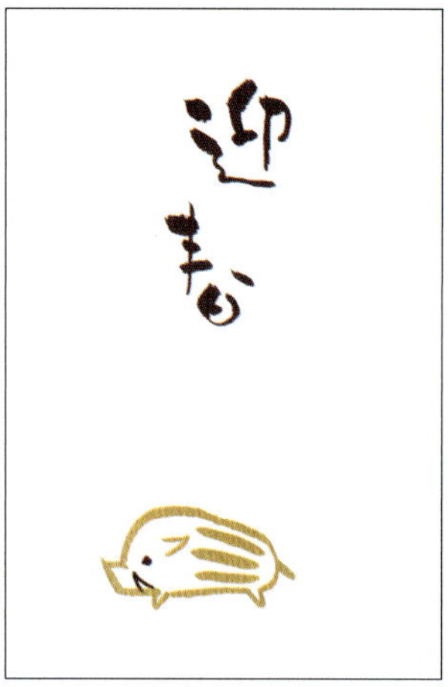

POINT 2

下から描く

イラストは、一番下のうり坊→下の餅→上の餅→みかん、と下から上に描いていきます。

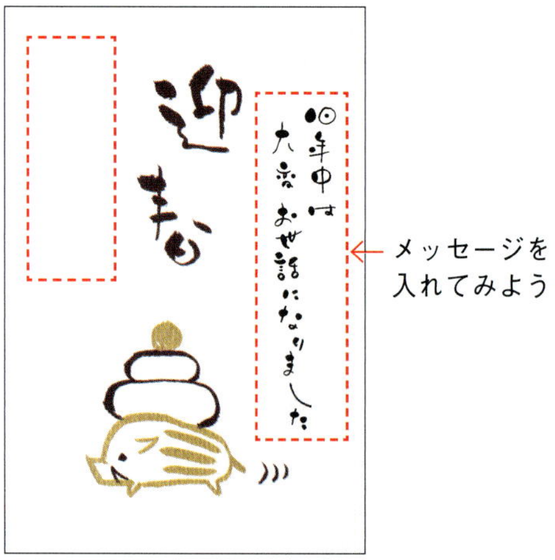

POINT 3

動きをつける

うり坊の後ろに))) を描き足して、ちょこちょこ歩く様子を表現。メッセージは「迎春」の横に。

メッセージを入れてみよう

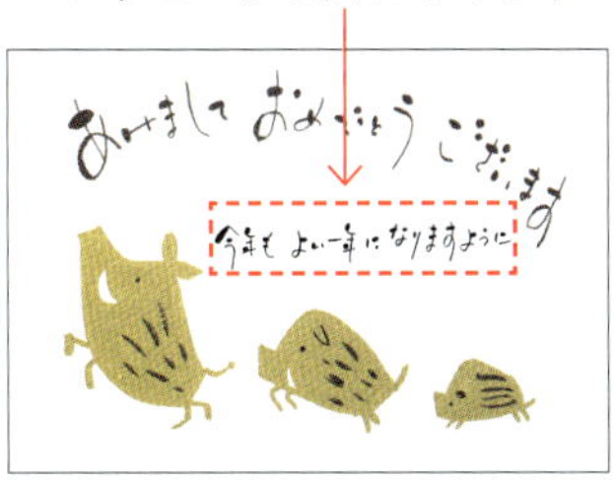

POINT

はがきの中央に空間を作る

賀詞を上部、イラストを下部に配置して、中央にメッセージを書くスペースを設けます。イノシシは体勢や足の形、耳の向きなど、3匹バラバラの動きにすることで、全体的に躍動感が出ます。

メッセージを入れてみよう

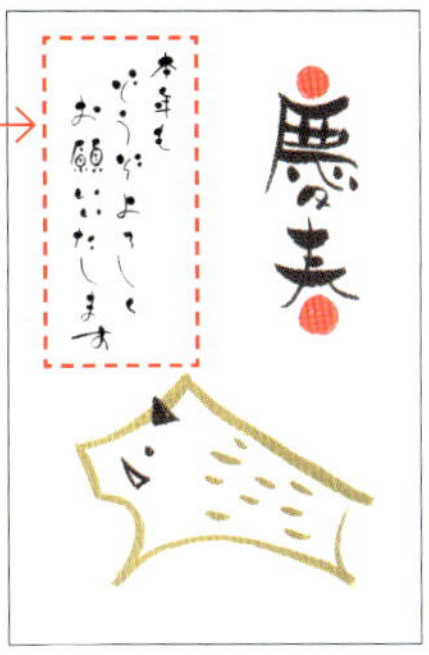

POINT

文字数によって配置を変える

メッセージの文字数によって「慶春」を書く場所をアレンジしましょう。「慶」の一画目と「春」の日を赤い丸にデフォルメすると、ぐっとおめでたい雰囲気になります。

アレンジしてみよう

山、日、イノシシを輪郭だけで描いた
シンプルな一枚。
メッセージやイラストを加えて
アレンジしてみましょう。

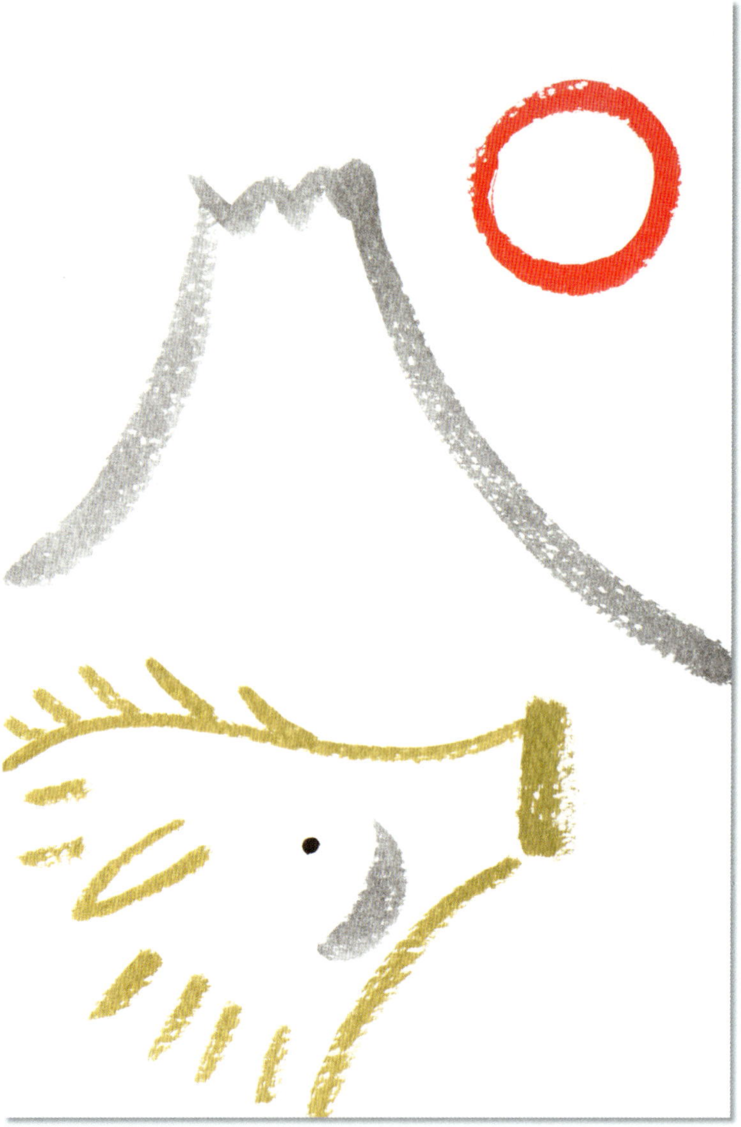

アレンジ 1

大判はがきに書いてみよう

絵手紙用の大判はがきを使用。賀詞と長めのメッセージを入れても、イラスト部分はゆったり。

賀正
ご家族の皆様
おかわりありませんか？
あたたかくなったら
こちらの方にも ぜひ
あそびに来て下さい。

大判はがきを使うとメッセージもたくさん書ける。

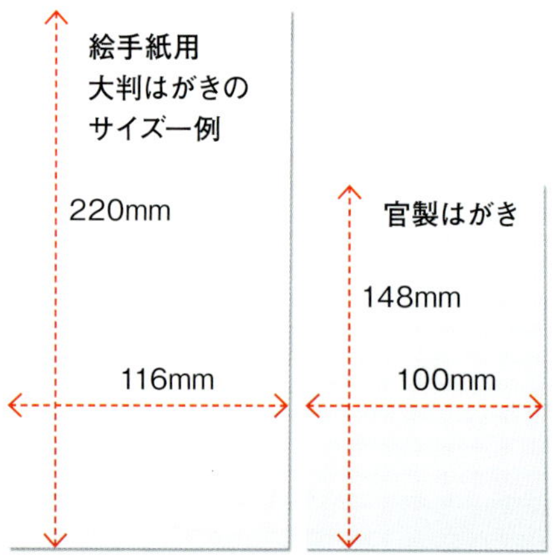

絵手紙用
大判はがきの
サイズ一例
220mm
116mm
官製はがき
148mm
100mm

官製はがき(右)と絵手紙用大判はがき(左)。絵手紙用のはがきは種類が多いので、今回は82円切手で投函できるサイズを使用。

アレンジ素材

様々なモチーフでお正月気分を演出

アレンジ ③

イラストを足して華やかに

シンプルな構図も、お正月らしい梅と錦雲を加えれば、ぱっと華やかになります。メッセージは空いたスペースにコンパクトに。

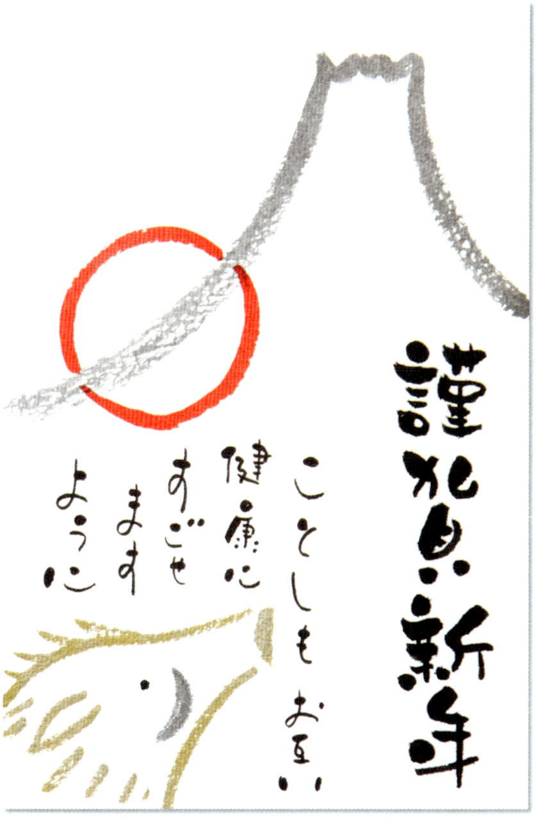

アレンジ ②

メッセージを入れてみよう

イノシシを小さく描くことで、山が大きく見えます。空いたスペースに賀詞とメッセージを添えて。

白い空間を効果的に

慶
二〇一九年　元旦

POINT

「慶」の下は空けておく

メッセージを書ける場所は多いですが、「慶」の下を空けることで、すっきりとして、文字が引き立ちます。イノシシの体は丸っこくても、地面を蹴っているような前足の曲げ方で、機敏さを表現できます。

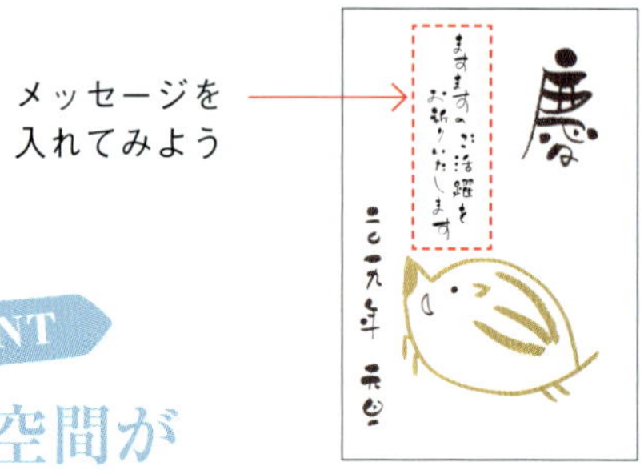
メッセージを入れてみよう
慶
ますますのご活躍をお祈りいたします
二〇一九年　元旦

POINT

白い空間がメッセージを際立たせる

かわいいイノシシも、メッセージ内容に合わせて、鼻息で勇ましさをプラス。あえて白い空間を残すのもポイント。

賀正
今年は年女!
猪突猛進で
がんばります!!

すまし顔がユーモラスなイノシシ。
メッセージは、書き初めの紙の外に
書くといいですよ。

メッセージを
入れてみよう

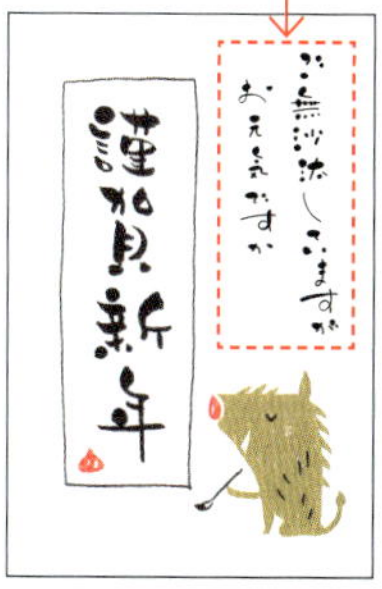

POINT 1

枠線は細く

書き初めの半紙の輪郭は、筆タイプのサインペンで、すーっと細く書きます。中の文字は、太さも出してしっかりと。

POINT 2

直線を意識

イノシシの顔は、おでこから鼻先を一直線で水平に、背筋は垂直にすると、姿勢よく描けます。

POINT 3

膝は丸く出す

前足の片方で筆をもち片方は床に。後ろ足は、人が正座をしているように、膝を丸く出して描きます。

書く順序で
バランスをとる

POINT

イノシシに沿って文字を書く

イノシシは、薄墨で輪郭を描いてから、墨で各パーツを描きます。イラストを描いたら横顔のラインに沿って、「賀正」を配置。

POINT

イラストに合わせて改行

まず、はがきの下半分にイノシシを。横に長く描くと勢いよく見えます。文字はイノシシの背に沿うように改行を。

頌春
今年も幸多き
一年になりますように
平成三十一年　元旦

真上から見たイノシシが下から顔を出しているユニークな構図。鼻先の赤がアクセントになっています。

POINT 2

メリハリをつける

「頌春」の文字は、ぽってりと太い部分と細い線のメリハリをつけるとリズミカルに仕上がります。

POINT 3

丸を強調

角をカーブさせせたり、点を●にしたり、口を丸く書いたりすることで、柔らかい印象になります。

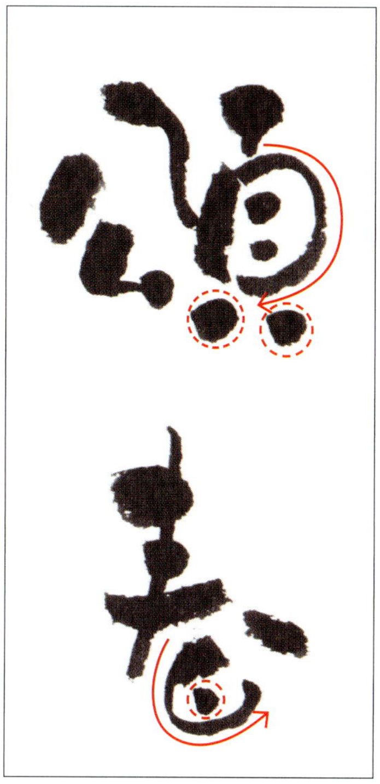
頌春

POINT 1

大きい部分から描く

まず、面積が大きい顔の輪郭を薄墨で。鼻までの距離が短いとブタに見えるので長く。最後に赤で鼻を描きます。

テーマ
6

文字で遊ぶ年賀状

新年を祝うおめでたい文字を大胆にアレンジ。印象強い年賀状になります。

文字に メリハリをつける

POINT

造語で遊ぶ

干支を生かした「亥春」という造語を使用。文字はぽってりと丸みをもたせ、「亥」の上の点を赤い丸でアクセントにします。紙ふぶき（→P. 31参照）で華やかに。

POINT

筆記体で動きを出す

イノシシの形は三角形を意識して（→P.22参照）背を山形に。中の文字はその山のラインに沿わせて書きます。欧文を筆記体にすることで軽やかさが出ます。

← POINT

文字とイラストを一体化

「亥」の文字を横向きのイノシシに見立てて。横線は細く、筆をゆっくり動かして、震えやにじみを生かします。

POINT

線の長さや向きで文字に動きを出す

アルファベットは縦線を太く、横線を細く。HやNは左右の縦線の長さや方向を変えると、文字に動きが出ます。

↓

左右対称を意識したデザイン。枠やエンブレムのような飾りを入れることで、海外の看板のような雰囲気が出ます。

手順❶

枠は筆タイプのサインペンで。角の部分は特に細いので、筆を立てて、筆先でくるんと描きます。

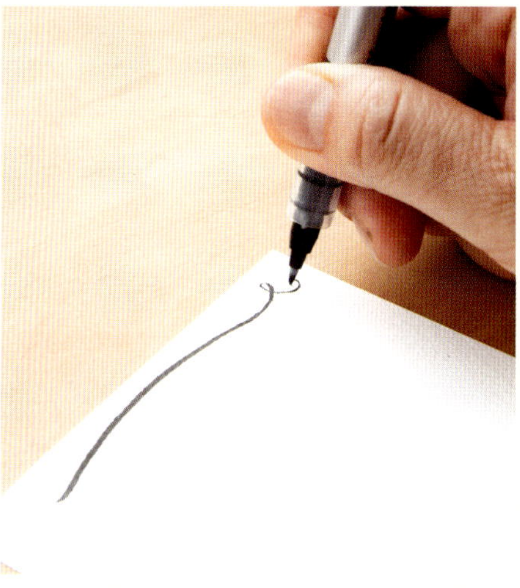

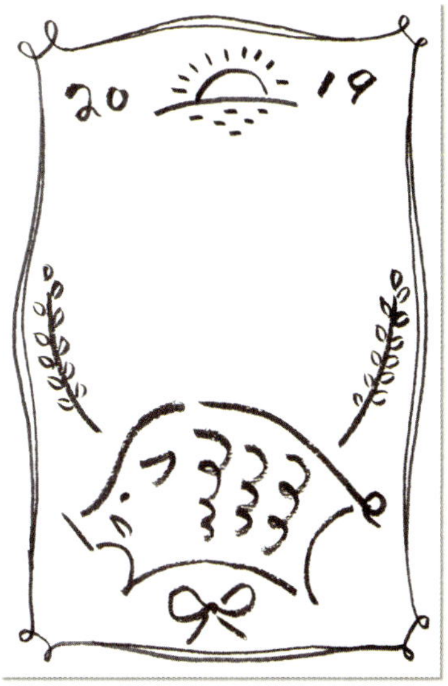

手順❷

イノシシ、リボン、葉っぱ、数字も筆タイプのサインペンを使用。毛並みはくるくると、塗り足しをせずに、ラフに描きます。

手順❸

最後に金で文字を書きます。一文字ごとに、一筆書きのように続けて書くと味のある文字になります。

POINT

筆使いでメリハリをつける

太く書きたいところは筆をべったりと押し付けて、細くするところは浮かせ気味にして、メリハリをつけて書きます。

POINT

様々な色＋形で表現

「寿」の文字の一画一画を、様々な色、形、太さの線とイラストで表現。1～3画は重ね塗りなどでぽってりと。

文字と イラストを合体

それぞれの漢字の一部を、形が近いイラストに変えた遊び文字。イラスト部分は金色を使って目立たせます。

手順❶

下書きでは、最初にはがきを4分割し、漢字もそのまま書きます。イラスト部分はあとから描き直します。

手順❷

墨の部分を先に書きます。一画目は太く、全体的にかすれも残しながら書きます。

手順❸

イラスト部分を金で。鼻と蹄は縁どって中を塗ります。全身のイノシシは筆先を使って描きます。

←

POINT

「賀」をイノシシにする

亥年ならではのイラスト文字。文字の墨部分は中字を使用。金でイラストを描き、最後に筆タイプサインペンで顔のパーツを描きます。

POINT

文字と絵に一体感を出す

文字は傾けて書くと強く引っぱられているように見えます。イノシシは、鼻を上げ、後ろ足からしっぽまで一直線にすると、踏ん張っているように描けます。

↓

「迎」のしんにょうを太陽と山、「春」の日を駆けるイノシシに見立て、日本画のような雰囲気に仕上げました。

POINT 1

イノシシは、胴体を横に長く、足はハの字を広げたように描くと、スピードを出して駆けているように見えます。

POINT 2

「迎」のしんにょうの一角目を円にして、山からの日の出に見立てています。新しい年の始まりが感じられる文字に。

テーマ
7

イノシシ家族の年賀状

たくましく優しいお父さんお母さん、かわいく元気な子どもたち。家族の１シーンは、ほのぼのあたたかい一枚になります。

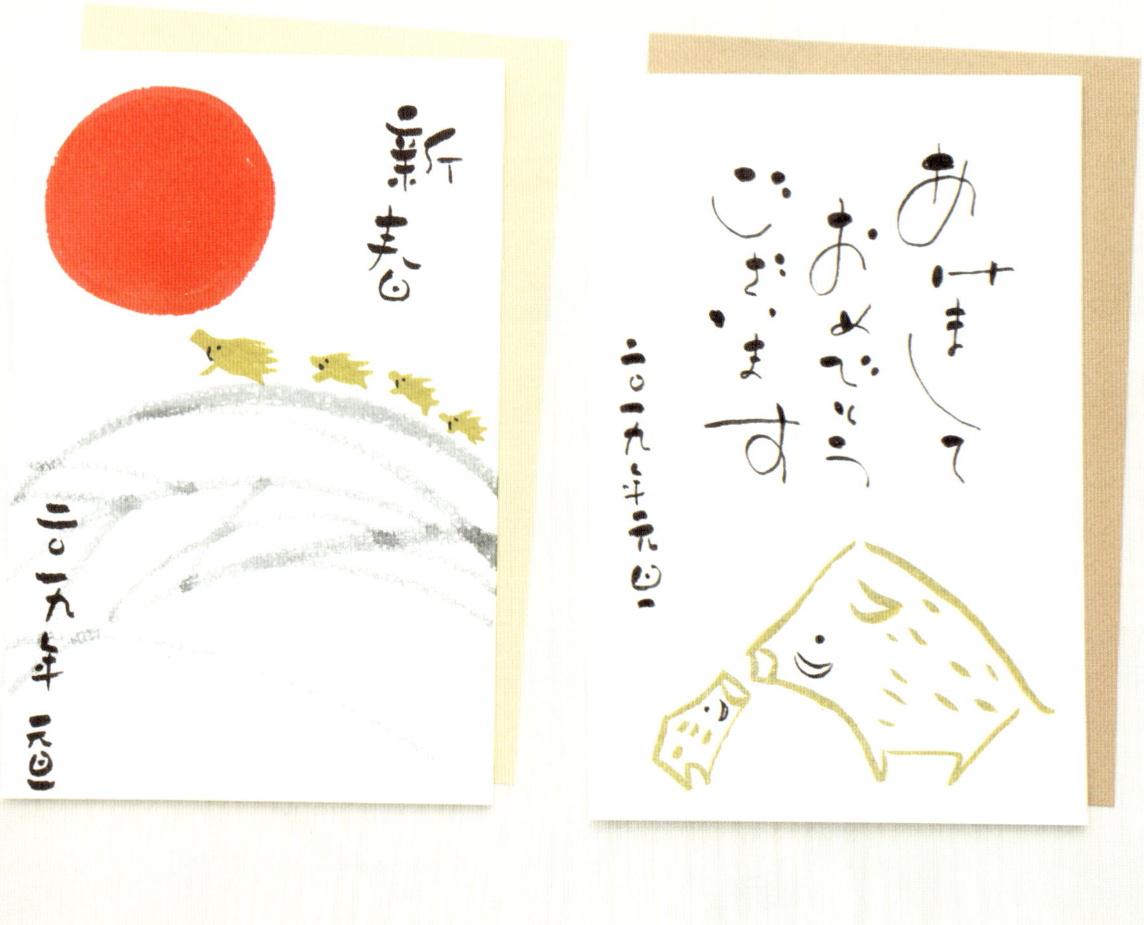

親子を描いて ほのぼのと

漢字の一部とイノシシの鼻に赤を使用。ポイントで色を入れると、全体のアクセントになります。

POINT 1

イノシシの体は、薄墨の筆を立てて筆先で細く描きます。丸みのあるラインにすると、柔らかい雰囲気に。

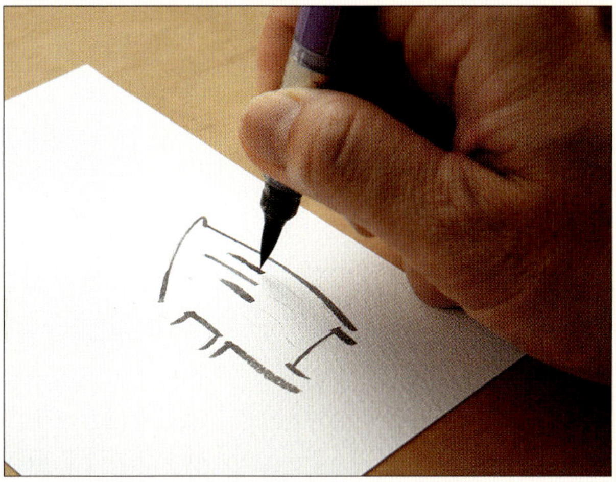

POINT 2

お母さんの目は、顔の下側に寄せ、小さく描くのがポイント。赤ちゃんを優しく見守っているように見えます。

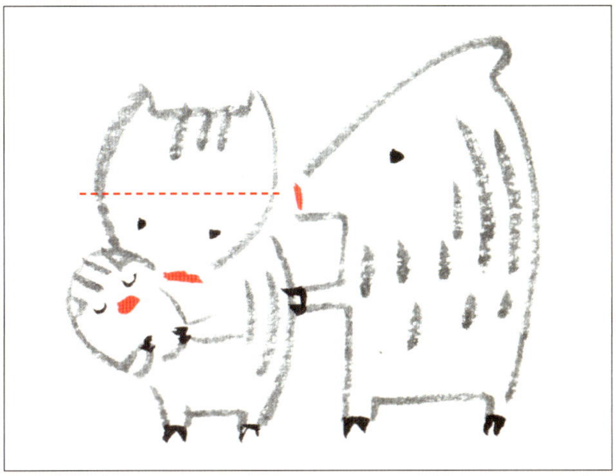

親子の顔は、鼻筋を一直線上に描くと
見つめ合って見えます。
鼻と鼻、目の位置を寄せると、
より親密な印象に。

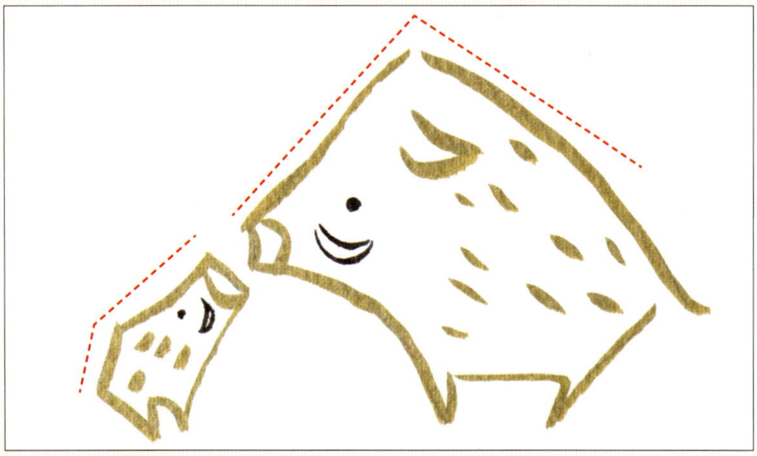

POINT 1

文字は細く優しく

文字は筆タイプのサインペンを使用。太い筆ペンで書くよりも、繊細で優しい雰囲気に仕上がります。

POINT 2

ゆっくりと書く

イノシシの体は、筆を立ててゆっくりと動かし、線の太さにムラを出します。木彫りの置き物のような雰囲気に。

POINT 3

輪郭を変える

体の輪郭は、山のような形に描きます。大人は山を大きくするとたくましい印象に。子どもはなだらかに描きます。

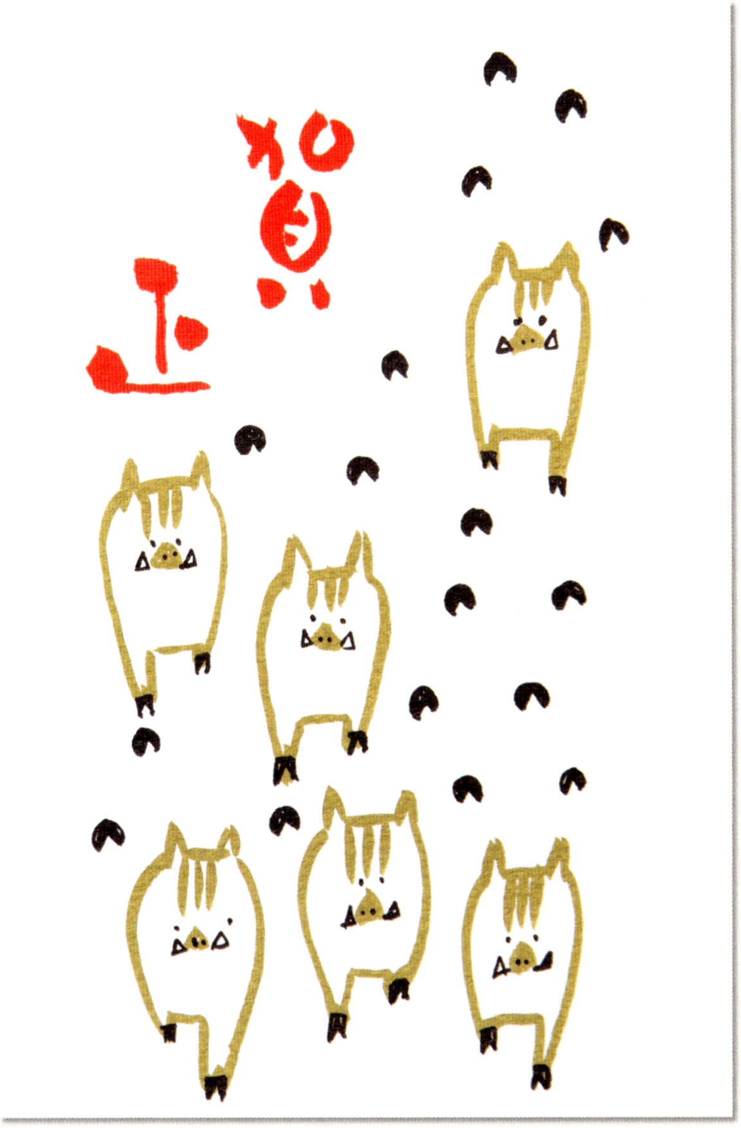

子だくさんのイノシシで繁栄を願う

POINT

足で動きを出す

正面からイノシシを描くとき、左右の蹄の高さをずらすと、足が前後になって歩いているように見えます。

POINT

形で親子を描き分ける

大人のイノシシは、三角形の２つの角を切り落とした形に（→P.22参照）。子どものイノシシは丸みのあるしずく型に描きます。

家の中からひょっこり顔をのぞかせている様がユーモラス。自分の家族の人数に合わせてアレンジして。

POINT 1

大きいものから書く

最初に「謹賀新年」、次に家のイラスト、と面積の大きいものから書いていくと、全体のバランスがとりやすいです。

POINT 2

字間を詰める

謹賀新年は中字を使い、太いところは思い切って太く書きます。字間も詰めると、全体的に黒々と力強く見えます。

POINT 3

遠近感を出す

背景の太陽、雲と山は、「細く小さく」を意識して。家の遠く背後にあるように見え、絵に遠近感が出ます。

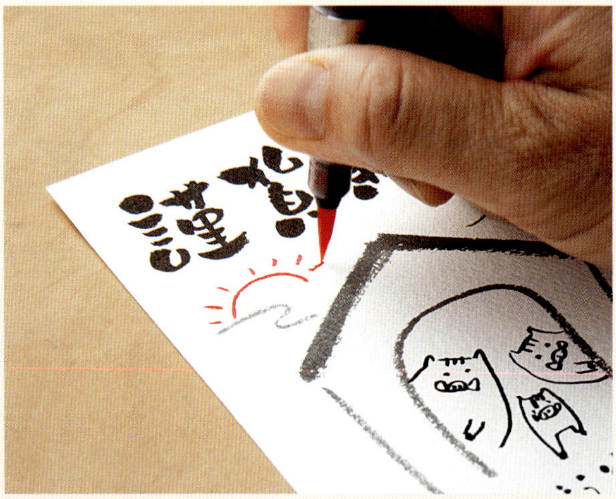

日と丘は大きく、イノシシは小さく。大胆な部分と繊細な部分のメリハリをきかせた一枚です。

POINT 1

線の太さ、方向を変える

はがきの下半分を丘にすると壮大に。まず上の地平線を太めに描き、下に太さや方向が様々な線を交差させます。

POINT 2

形に変化をつける

文字は筆タイプのサインペンで。「新」は正方形、「春」は縦長、と形を変えて、位置もずらして、リズミカルに。

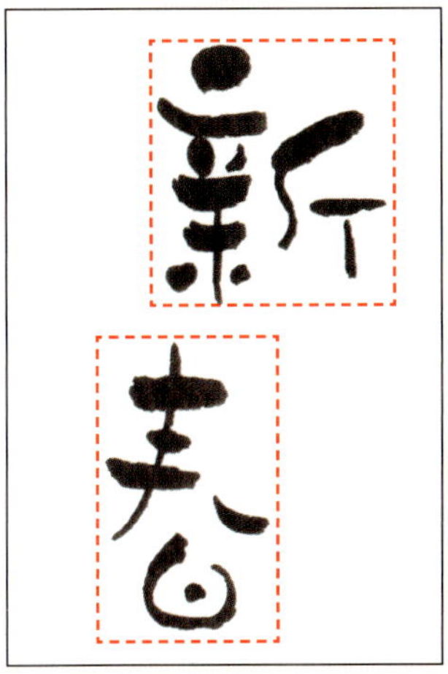

POINT 3

足とたてがみで勢いを出す

イノシシは下図❶〜❹の順に体を描いて、足とたてがみを足します。足はハの字、たてがみは後ろ向きに描くとスピード感が出ます。

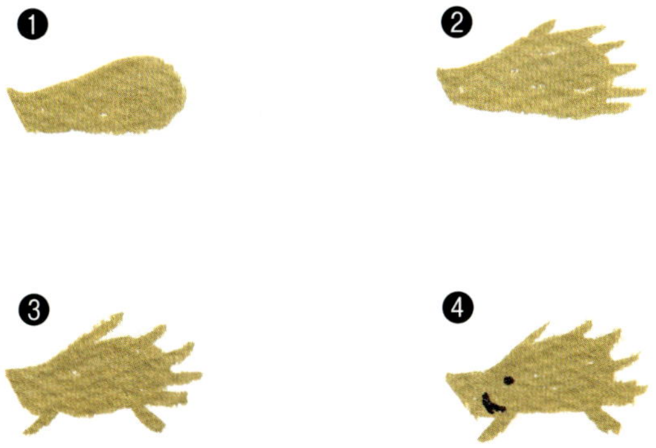

テーマ
8

定番モチーフの年賀状

新しい年の始まりにふさわしい晴れやかな
イラストは、送る相手を選びません。

たくさんの椿で新春の華やかさを表現しています。
メッセージを書くなら、左上の花の下に。

椿の描き方

手順❶

まずは手前の花びらから。薄墨で輪郭を描き、中を塗りつぶします。

手順❷

奥の花びらは赤で。べったりと塗りつぶさずに、ところどころ白く塗り残すと雰囲気が出ます。

手順❸

金で、花の中央に放射状に線を引き、その先に点を打ちます。筆先を使って、細く描くのがコツ。

頌春

↑

POINT

街に昇る初日の出を輪郭線でシンプルに

鉛筆で下書きをすると街のバランスをとりやすくなるよ

POINT

賀詞とイラストを中央に →

山の真上に賀詞と日が昇る中心を意識したデザイン。山の部分は、薄墨で輪郭を描いてから、金で錦雲を重ねます。メッセージは左右どちらかの空間に。

賀

POINT

枝を描いてから花を描く

中字で「謹賀新年」と書き、薄墨で梅の枝、赤で枝の周りに梅の花の順に描いていくと、バランスよく仕上がります。メッセージは左上のスペースに。

手順❶

下書きでは、建物は下1/3くらいに収まるよう線を引き、文字も枠を作ってから書くと、バランスがとりやすいです。

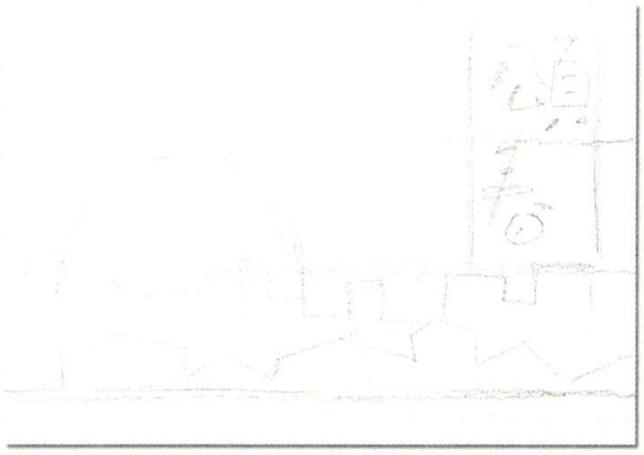

手順❷

薄墨で、建物の輪郭を描きます。直線でカクカクさせると「街」らしく見えます。

手順❸

金で、建物の上に初日の出を描きます。最後に、建物に重ならないよう「頌春」を書きます。

模様と文字だけのシンプルな構図ですが、金の紙吹雪で華やかな印象に仕上がります。

手順❶

下書きでは、最初に中央に横線を引きます。この線から上に波模様を描いていきます。

手順❷

金で波模様を描きます。下の段から上の段へ、3段程重ねます。

手順❸

波の上下に文字を書きます。上の文字の左右に金で紙吹雪を散らし（→P.31参照）、周りに筆先で点を打ちます。

年賀状のいろは

年賀状の基本的なマナーや送るときの決まりを紹介します。

年賀状の内容とマナー

【賀詞】に【あいさつ文】や【年号・日付】を書き添えるのが基本の内容。必ず書かなくてはいけないものではないので、送る相手やデザインに合わせてアレンジを。

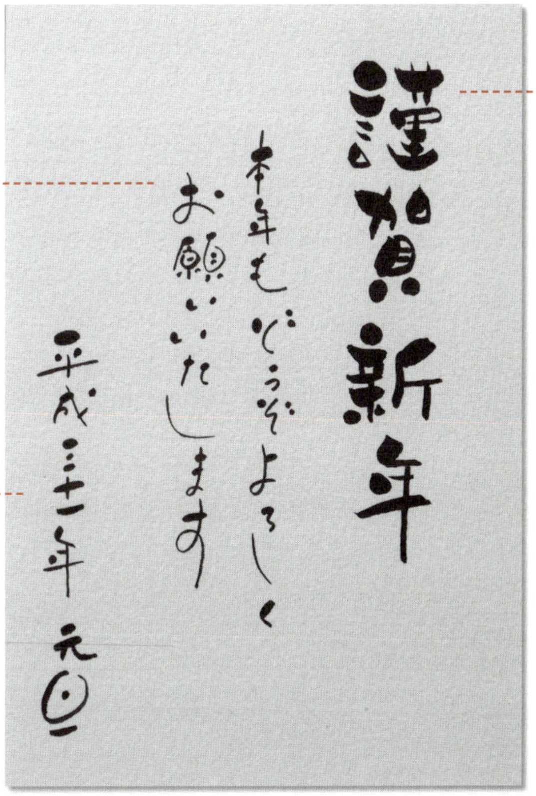

賀詞

「謹賀新年」「あけましておめでとうございます」などの、新年をお祝いする言葉。

あいさつ文

お世話になったお礼、相手の健康や活躍を願う言葉、自分の近況報告や抱負など。

年号・日付

「平成三十一年一月一日」「二〇一九年元旦」など。

賀詞はひとつだけにする

例えば、一枚のはがきに「賀正」と「謹んで新年のお慶びを申し上げます」をどちらも書いたり、「新年あけましておめでとうございます」と賀詞を組み合わせたりするのはNGです。

例　×　新年あけましておめでとうございます
　　　○　新年おめでとうございます

※「新年」も「あけまして」も新しい年を迎えたという同じ意味なのでどちらかにします。

目上の人には、四字以上の賀詞を

「寿」「迎春」などの賀詞は、「おめでたい」「新しい年を迎えた」ということを伝えるだけで、相手への敬意は含まれていません。目上の相手には使わないようにしましょう。

例　×　「寿」「迎春」「賀正」など一文字や二文字の賀詞
　　　○　「謹賀新年」「あけましておめでとうございます」など四字以上の賀詞

「元旦」と「一月一日」はどちらかに

「元旦」は元日（一年の最初の日）の朝のこと。意味が重なるので、使い方に気を付けて。

例　×　一月一日元旦
　　　○　平成三十一年元旦

縁起の悪い言葉は避ける

おめでたい年賀状では、忌み言葉はタブーです。「去年」もNG。「昨年」や「旧年」と書きましょう。

例　×　「失う」「病む」「枯れる」「去る」など

住所の書き方

宛名面もゆる文字で書く場合は、誤読されないよう、デフォルメしすぎずに書きましょう。

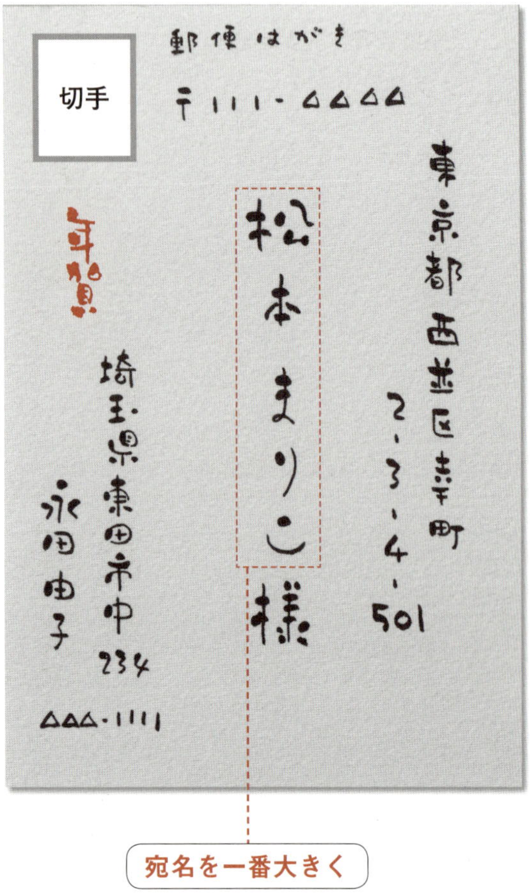

切手
郵便はがき
〒111-△△△△
東京都西並区幸町
2-3-4-501
松本まりこ様
年賀
埼玉県東田市中234
永田由子
△△△-1111
宛名を一番大きく

私製はがき、通常はがきには「年賀」を記入しましょう

日本郵便発行の年賀はがきではなく、私製はがきや通常のはがきを使う場合、切手の下に朱書きで「年賀」と書きます。書かないで投函すると通常の郵便物として扱われるので、配達時期が変わります（P.84参照）。

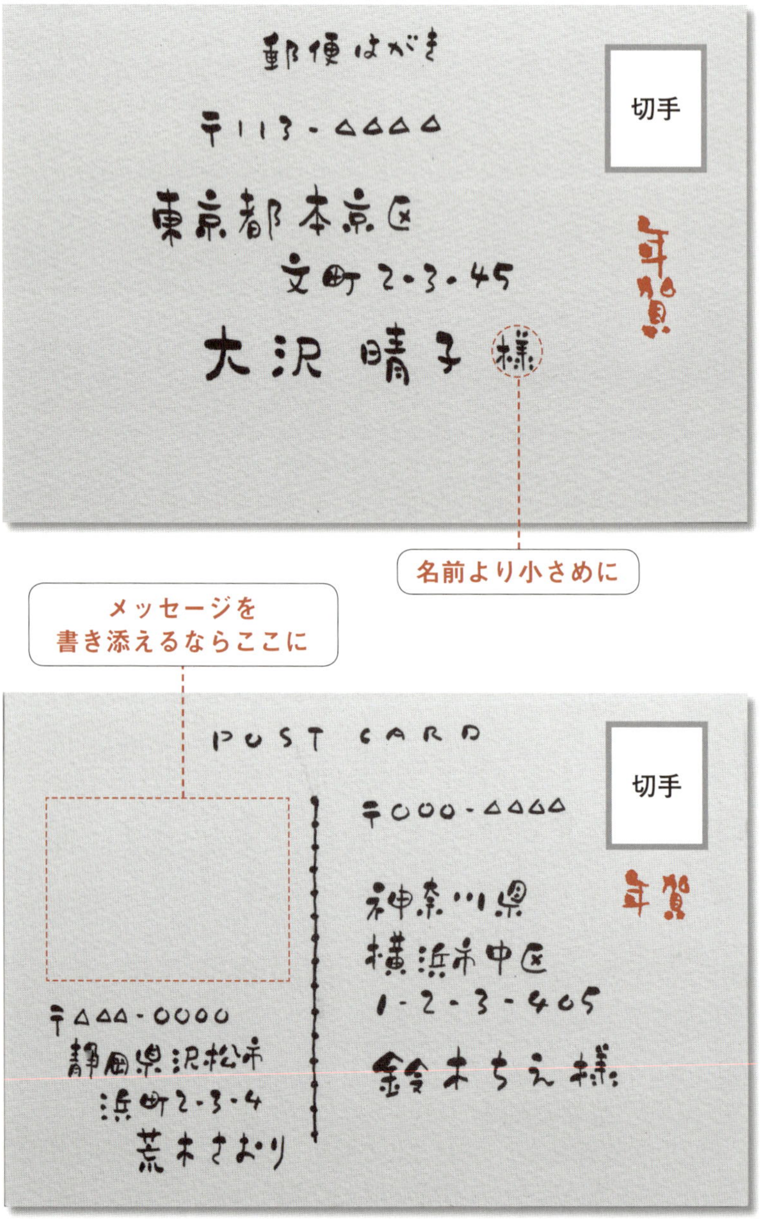

郵便はがき
切手
〒113-△△△△
東京都本京区
文町2-3-45
大沢晴子様
年賀
名前より小さめに
メッセージを
書き添えるならここに
POST CARD
切手
〒000-△△△△
神奈川県
横浜市中区
1-2-3-405
鈴木ちえ様
年賀
〒△△△-0000
静岡県沢松市
浜町2-3-4
荒木さおり

読みやすさを
意識して書こう

はがきのサイズと重さ

はがきとして送れるサイズと重さには規定があります。私製はがきで年賀状を送る場合は注意しましょう。

重さ 2g～6g

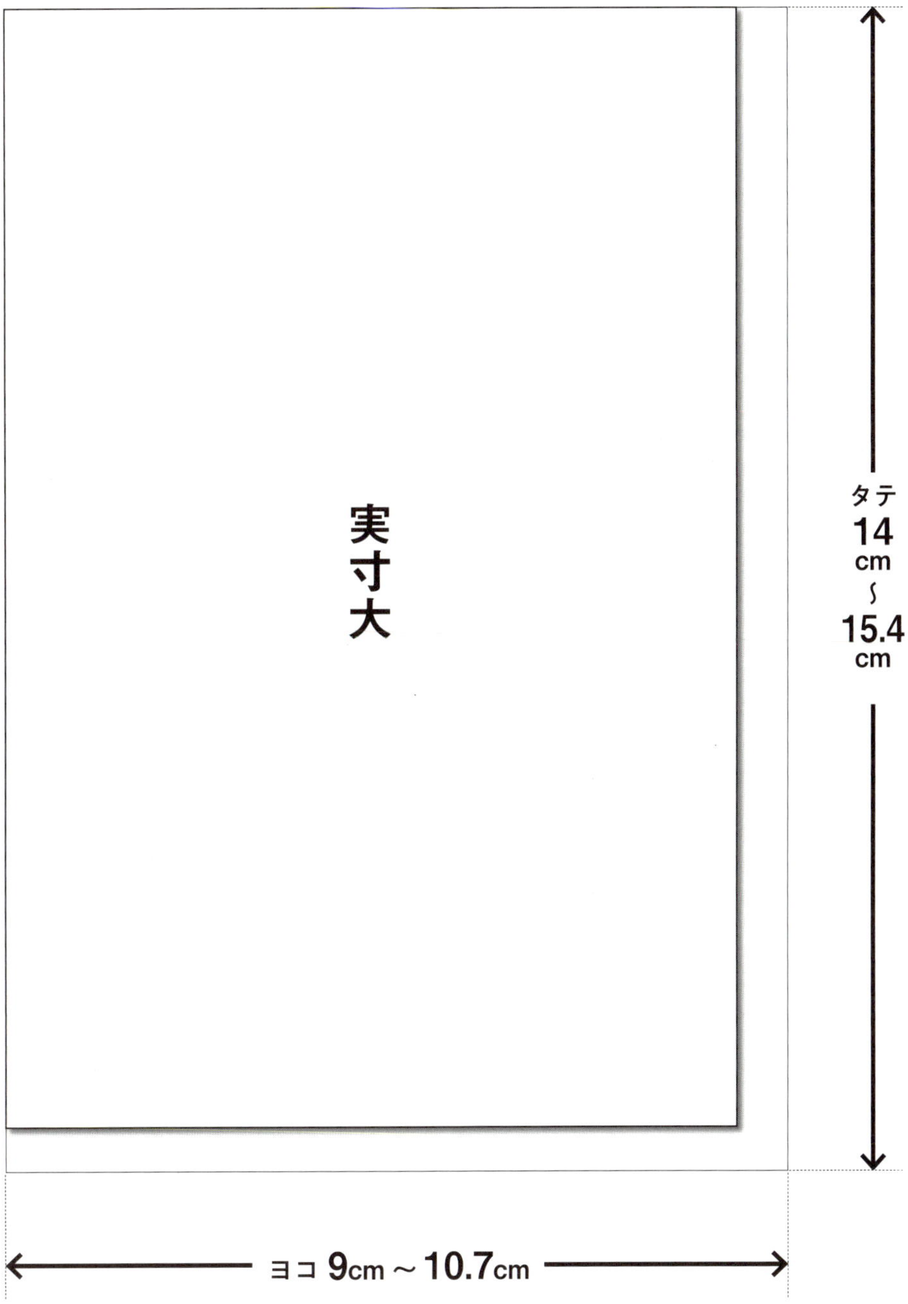
実寸大
タテ 14cm ～ 15.4cm
ヨコ 9cm～10.7cm

実物大の
サイズがこちら!

上記以外のサイズや重さで送りたい場合は…

はがきとして取り扱われないため、料金等が変わります。早めに郵便局に確認しましょう。

料金と送る時期

「年賀はがき」として扱われる条件をよく確認して、1月1日に届くように送りましょう。

「年賀はがき」の料金62円

※2019年用年賀はがきより料金が改訂されました。
※私製はがきを使用する場合は、62年切手を貼ってください。

「年賀はがき」の引受期間
12月15日～

※1月1日に届くように送るには、12月15日～12月25日に投函を。
※1月8日以降は「寒中見舞い」として出しましょう。

「年賀はがき」として取り扱われるには条件があります

1. 宛名が書かれた表面に、朱書きで「年賀」が記されている
2. 12月15日以降に投函されている

例

○ 「年賀はがき」として取り扱われます。

- 日本郵便発行の「年賀はがき」を、12月15日以降に投函する場合
- 「年賀」と記載された私製はがきを、12月15日以降に投函する場合

例

× 通常はがきとして取り扱われます。

- 12月14日以前に投函された場合
- 「年賀」の記載がない私製はがき

⚠ 通常はがきとして取り扱われると、年内に配達される場合があります。

海外に送る場合は

料金も時期も国内とは違います

国際郵便では、年賀はがきとして取り扱うことはありません。通常の国際郵便と同じ料金・日数がかかります。

料　金

船　便…60円
航空便…70円

時　期

通常の郵便でかかる日数から逆算して投函を。

寒中見舞いの書き方

年賀状を送るのは1月7日の「松の内」（地域によっては1月5日）まで。
間に合わなかった場合は、「寒中見舞い」を出しましょう。

1月8日～2月3日に送る

松の内が明けてから立春までに送るのが基本。2月4日以降は、「余寒見舞い」として送ります。ただし寒い地域へは2月4日を過ぎても「寒中見舞い」として出すこともあります。

年賀はがきを使わない
賀詞・干支は書かない

寒中見舞いは、新年のあいさつのために送るものではありません。「寒中お見舞い申し上げます」のほかは、相手を気遣う言葉や自分の近況報告を。イラストを入れる場合は、椿や雪だるまなど寒い季節の風物詩を描きましょう。

椿の赤い花と薄墨の葉は、塗り残しがあっても味になります。文字は太い線と細い線のメリハリをつけて。

薄墨の雪の中で、赤い帽子がアクセントに。行頭の「寒」と「申」を大きく書きましょう。

ひらがな

一画目は太く、点は●にすると
全体的にまとまりが出ます。

おすすめの筆ペン
極細

は	な	た	さ	か	あ
ひ	に	ち	し	き	い
ふ	ぬ	つ	す	く	う
へ	ね	て	せ	け	え
ほ	の	と	そ	こ	お

あいうえお
かきくけこ
さしすせそ
たちつてと
なにぬねの

組み合わせれば
言葉が作れる

おとそ

文字の組み合わせ例

左の見本帖から書きたい文字を抜き出して並べてみましょう。

ことしも
のんびり

すてきな
よろしく

まみむめも
や ゆ よ
らりるれろ
わをん゛゜

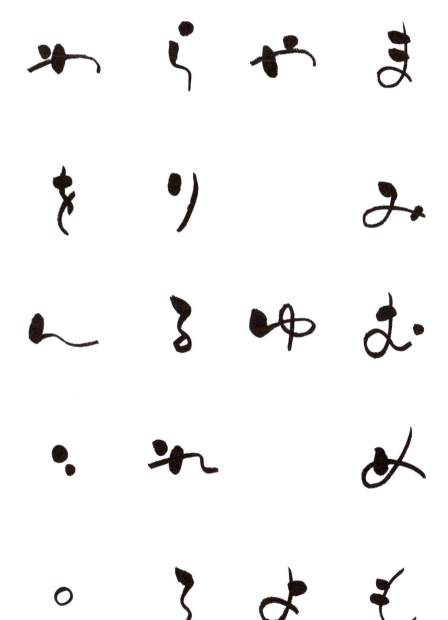

カタカナ

直線の多いカタカナですが、
太さや形を工夫してゆるい印象に。

おすすめの筆ペン
極細

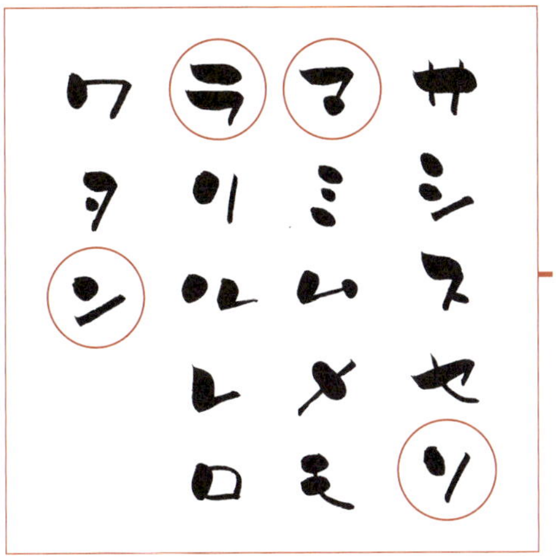

組み合わせれば
言葉が作れる

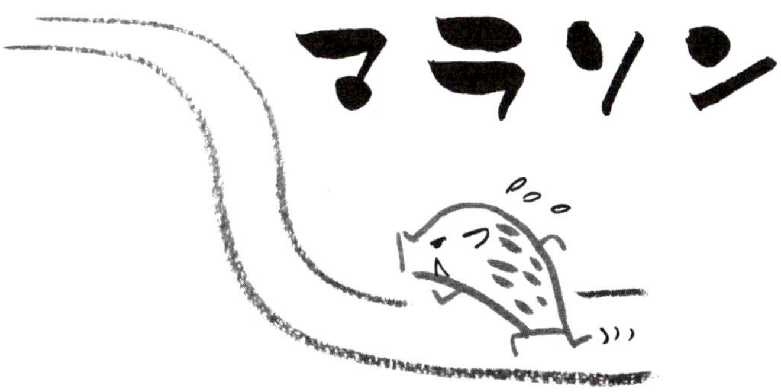

文字の組み合わせ例

小文字や濁点「゛」、半濁点「゜」なども使うと、言葉の幅が広がります。

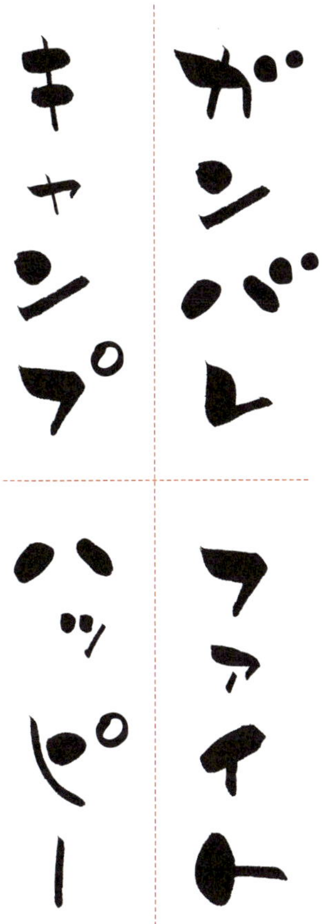

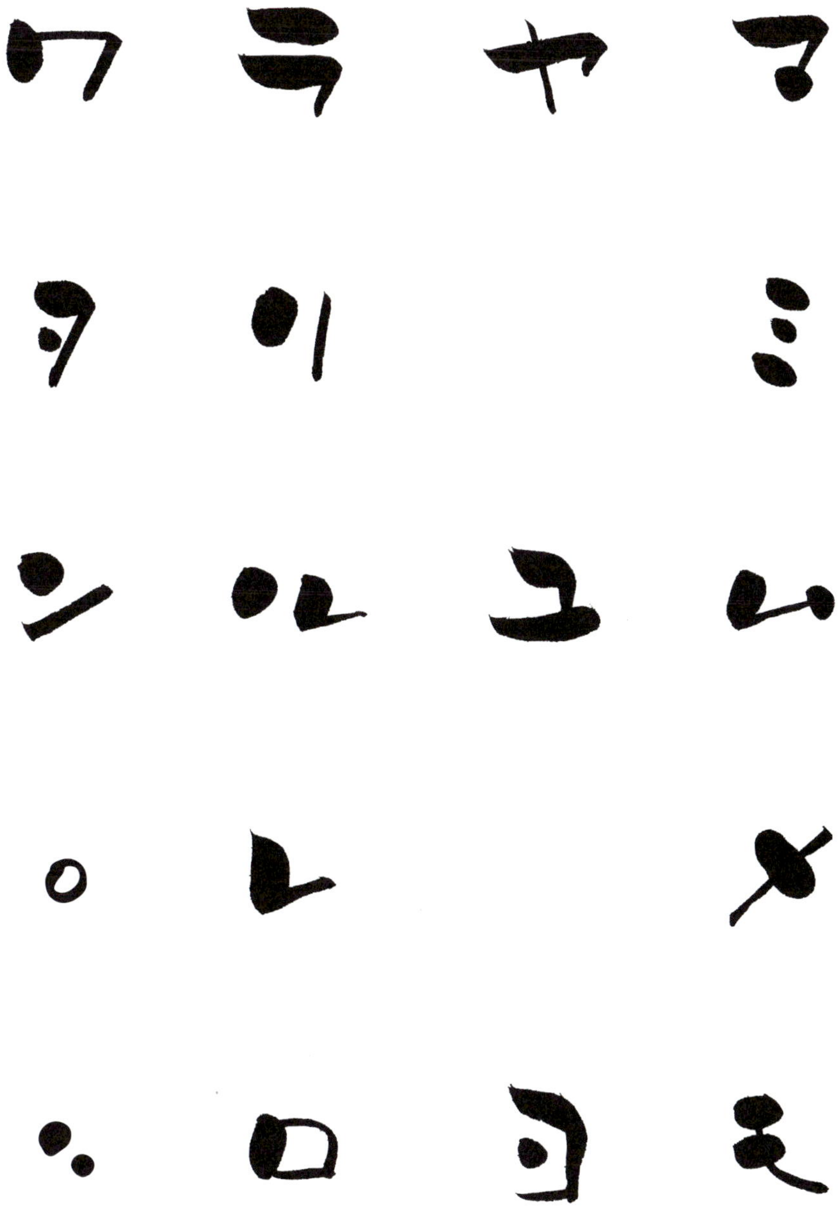

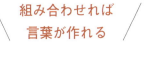

賀詞

漢字は、角を丸くする、点を●にするなど
デフォルメして、丸みを出します。

おすすめの筆ペン
極細・中字

慶　賀　福　寿

謹賀新年

恭賀新年

敬頌新禧

謹んで新春のお慶びを申し上げます

迎春

初春

賀正

賀春

あけまして
おめでとう
ございます

頌春

新春

寿春

慶春

あけまして
おめでとう
ございます

あいさつの言葉

数行に渡る文章は、段差をつけたり、
一字ごとに大きさにメリハリをつけたりと、リズミカルに。

おすすめの筆ペン
極細、筆ペンタイプのサインペン

新しい年が
佳き年でありますように

ご家族のみなさまの
ご健康を
お祈り申し上げます

謹んで
新春のお慶びを
申し上げます

本年も
どうぞよろしく
お願いいたします

今年も よい一年になりますように

今年も健やかで
幸多き一年に

ご無沙汰していますが
お元気ですか
皆様の ご健康と
ご多幸を
お祈り申し上げます
今年こそ
お会いできるのを
楽しみにしております
ますますの ご活躍を
お祈りいたします

〇〇年中は
大変 お世話になりました
ご無沙汰していますが
お元気ですか
ご報告が遅れましたが
昨年 結婚いたしました
引っ越しました 転居しました

英字・数字・記号

書き始めを太く、を意識すると、ゆる文字らしさが出ます。

a b c d e f g
h i j k l m n
o p q r s t u
v w x y z

A B C D E F G
H I J K L M N
O P Q R S T U
V W X Y Z

0 1 2 3 4 5 6 7
8 9 10 & , … ! ?

Happy New Year!

おわりに

年末の忙しい時期の中、
手書きする時間を見つけると
日々の慌ただしさが、少しゆるむような気がします。
そんな「ゆる文字」との時間を
味わっていただけますように。

宇田川一美

宇田川 一美 Udagawa Kazumi

1970年東京生まれ。武蔵野美術大学視覚伝達デザイン学科卒業。雑貨メーカー企画室勤務を経て、現在はフリーで雑貨や文房具の企画・デザイン・書籍やワークショップで手作り雑貨の提案などを行う。著書に『筆ペンで書くゆる文字』『もっと筆ペンで書く ゆる文字季節のハガキ』『書き込み式 ゆる文字練習帖』（誠文堂新光社）などがある。

STAFF

編集協力	大島佳子、前田陽子（kilohana）
デザイン	岸　博久（メルシング）
撮影	三浦希衣子
スタイリング	フジヤ奈穂

筆《ふで》ペンで書《か》く
亥《いのしし》年《どし》のゆる文《も》字《じ》年《ねん》賀《が》状《じょう》　NDS790

2018年9月14日　発　行

著　者　宇《う》田《だ》川《がわ》 一《かず》美《み》
発行者　小川 雄一
発行所　株式会社 誠文堂新光社
〒113-0033　東京都文京区本郷3-3-11
（編集）電話03-5800-5751
（販売）電話03-5800-5780
http://www.seibundo-shinkosha.net/

印刷・製本　図書印刷 株式会社

ISBN978-4-416-71818-6